KB156782

THE 커뮤니케이션

조직 커뮤니케이션으로 리더십을 보다

서정현 지음

THE
커뮤니케이션

조직 커뮤니케이션으로 리더십을 보다

서정현 지음

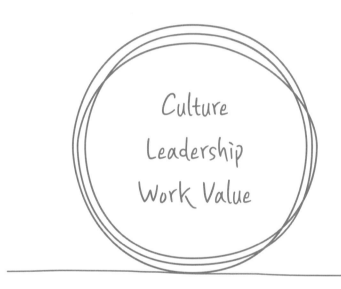

Culture
Leadership
Work Value

PlanB DESIGN 플랜비디자인

조직, 그리고 커뮤니케이션

사람이 있는 곳에 항상 존재합니다.

욕구와 목적을 충족시키는 기본적인 도구입니다.

누구나 하고 있지만, 누구나 잘 하지는 못합니다.

이 활동이 축적되면 그것은 문화가 됩니다.

커뮤니케이션이란 무엇입니까?

누구나 알고 있다고 생각하지만 그것이 무엇이라고 설명하려면 잠시 브레이크가 걸립니다. '커뮤니케이션'의 의미를 모르는 것이 아니라 설명을 위해 떠오르는 단어가 너무 많기 때문입니다. 우리는 알고 있습니다. 커뮤니케이션의 의미를 아는 것보다 커뮤니케이션을 얼마나 잘 하는지가 더 중요하다는 것을.

커뮤니케이션의 역사,

대화법 기준의 커뮤니케이션을 역사 속에서 살펴보면, 그리스 로마시대부터 수사학, 산파술, 웅변술에 대한 기록이 있습니다. '수사학Rhetoric의 커뮤니케이션'은 설득 커뮤니케이션입니다. 수사학은 대중을 설득하고 토론을 이끌어갈 수 있는 '보편적 기술'이었습니다. 그러나 다른 사람에게 영향을 미치기 위해 사람들을 속이고 말을 화려하게 장식하는 기술에 초점이 맞추어진다는 비판을 받게 됩니다.

이후에 아리스토텔레스 Aristoteles 의 설득 3도구 설득의 3요소 가 결합이 되면서 포괄적인 '인간의 커뮤니케이션'으로 다시 연구가 시작됩니다. 현대 사회에서는 설득, 협상의 기술로 계속 활용되고 있습니다. 설득 3 도구는 품성이나 인격에서 우러나오는 인간적 신뢰의 에토스 Ethos, 상대의 감성에 맞게 호소할 줄 알아야 한다는 파토스 Pathos, 이성에 논리적으로 호소하는 로고스 Logos 입니다. 이 중에서 에토스가 가장 강력한 힘을 발휘한다고 말합니다.

'산파술 Socratic Method, 소크라테스의 문답법'은 두 사람이 질문과 답, 맥락적 경청을 통해 깊은 대화를 나누고 친밀한 관계를 구축하면서 지혜를 얻는 커뮤니케이션입니다.

'웅변술의 커뮤니케이션'은 생각을 품위 있게 표현하는 기술적 커뮤니케이션입니다. 대중 연설을 연구하는 학자들이 스피치를 할 때 사용하는 음성, 발음, 제스처를 연구했습니다. 웅변술은 과학적 관찰을 통해 인간의 표현 원리를 규명한 것에 큰 의의를 가지고 있습니다. 역사는 반복하고 진화한다는 마음으로 커뮤니케이션의 역사를 살펴보았습니다. 2500년 전부터 지금까지 커뮤니케이션은 지속적으로 연구되고 진화하고 있습니다. 대화법을 기준으로 커뮤니케이션을 다시 살펴보니, 말의 내용도 중요하지만 말하는 사람이 설득력을 가지고 자신감 있게 표현하는 것이 필요함을 재확인하게 됩니다. 또한 질문과 답, 경청의 과정에서 친밀감과 지혜를 얻는다는 것은 커뮤니케이션의 본질이라는 생각을 하게 됩니다.

커뮤니케이션의 어려움,

논리력, 공감력, 제스처, 음성, 커뮤니케이션 도구 등이 종합 예술처럼 잘 어우러진 말과 글은 삶 life 과 일 work 에 큰 힘이 됩니다. 소통이나 커뮤니케이션의 중요성이 너무 많이 강조되어 이제는 싫증이 날 수도 있겠지만 자꾸만 더 강조되고 있는 것도 사실입니다. 그만큼 '하기 쉽지 않다', '어렵다'로 해석이 됩니다. 노벨 의학상 수상자인 콘라트 로렌츠 Konrad Lorenz 가 의사소통의 어려움을 6단계로 설명하는 데 너무 공감됩니다.

말했다고 해서 상대가 들은 것은 아니다.

들었다고 해서 이해한 것은 아니다.

이해했다고 해서 동의한 것은 아니다.

동의했다고 해서 기억한 것은 아니다.

기억했다고 해서 행동하는 것은 아니다.

행동했다고 해서 변하는 것은 아니다.

조직 커뮤니케이션,

경영과 조직 이론의 선구자인 체스터 바너드 Chester Irving Barnard 는 '조직의 보편적 3요소'를 공동의 목적, 협력하고자 하는 의지, 커뮤니케이션이라고 설명합니다. 이 중에서 커뮤니케이션을 인간 신체 중 심장에 비유합니다. 주먹만한 사이즈의 심장은 쉬지 않고 혈액을 순환시킴으로써 인간이 살아있다는 것에 결정적인 역할을 합니다. 조직에서 커뮤니케이션도 마찬가지입니다. 매일 쉬지 않고 움직입니다. 그렇게 조직을 유기적으로 살아있게 만듭니다. 이렇게 중요한 조직 커뮤니케이션을 함에 있어서 체스터 바너드는 ❶ 커뮤니케이션 경로, ❷ 권위의 개입, ❸ 직접적이면서 간결해야 함을 강조합니다.

❶ 커뮤니케이션 경로

커뮤니케이션 경로를 '하나만' 가지고 있는 조직이 있을까요? 조직에는 커뮤니케이션의 왜곡이 일어날 수 있는 공식, 비공식 경로가 너무 많습니다. 이제는 조직 외부에서 조직 내부의 의사결정에 영향을 미치게 되는 경로까지 있어서 사실상 통제가 불가능합니다.

❷ 권위의 개입

권위의 개입은 구성원이 리더의 권위를 수용한다는 것입니다. 즉, 리더의 권위를 의심하지 않고 의사결정을 순순히 받아들이는 것을 의미합니다. 이를 위해서는 리더의 권위에 적절성과 윤리성, 공정성이 합당하다는 기본 전제가 있어야 합니다. 그래서 리더는 스스로를 돌아보고 논란이 발생하지 않도록 살피고 다듬어야 합니다.

❸ 직접적이면서 간결함

커뮤니케이션이 간접적이면서 내용이 길면 의미가 왜곡되거나 누락될 가능성이 커집니다. 누구에게 말하는 것인지, 무엇을 말하는 것인지 짧고 명료해야 합니다.

조직 커뮤니케이션을 효과적으로 한다는 것은,

우리는 커뮤니케이션이 생존이나 경쟁에서 강력한 무기가 되는 것을 알고 있습니다. 조직 구성원들은 조직의 목적과 성과 달성을 위해 커뮤니케이션을 합니다. 필요한 지식과 경험을 토대로 문제해결 과정에서 자신의 정보와 생각, 감정을 나누게 됩니다. 이는 서로에게 영향력을 행사하게 되고, 인간관계를 형성하게 합니다. 결국 조직 문화를 형성하고 유지하는 데 활용됩니다. 우리가 커뮤니케이션을 잘 안다고 생각하지만 설명하기 어렵고, 쉽지 않은 이유가 여기에 있습니다. 업무 커뮤니케이션은 말을 하고 듣는 문제가 아니라, 조직에서 역할이자 성과이며 축적되는 문화의 총체적인 결합이기 때문입니다.

조직 커뮤니케이션 환경의 변화,

커뮤니케이션이라고 하면 1대 1의 오프라인 대면 커뮤니케이션을 생각하는 경우가 많지만, 이는 제일 작은 단위입니다. 조직 커뮤니케이션은 조직의 구조와 문화, 대고객 커뮤니케이션에도 영향을 줍니다.

KT 5G AI Factory 광고를 예로 들어보겠습니다.

사람이 협동 로봇과 함께 일합니다.
"칩 박스 가져다 줘." 사람의 말에 로봇은 정확하게 반응합니다.
그리고 관제센터에서 로봇의 과부하가 예상됨을 사람에게 알려줍니다.
그 즉시 로봇에게 말합니다. "멈춰." 그렇게 문제를 해결합니다.

'사람과 로봇이 함께 일하는 업무 공간', '사람 리더'와 '플레이어 로봇', '통제실 사람'의 정확하고 간결한 커뮤니케이션을 보면서 앞으로의 업무 환경 변화를 유추해 볼 수 있습니다.

이는 최근 이슈가 되고 있는 디지털 트랜스포메이션 Digital Transformation 과도 연결됩니다. 많은 조직들이 인공지능 AI , 클라우드 Cloud , 사물인터넷 IoT 과 같은 디지털 기술을 활용한 고객의 가치 만족 서비스의 혁신을 준비합니다. 그리고 혁신이라는 목표를 달성하기 위해 경영방식이나 운영 프로세스 전반에도 변화를 꾀하게 됩니다. 그 변화에는 조직 구조와 커뮤니케이션 경로의 다양성, 회의 방식 등의 조직문화 전반이 포함됩니다. 2020년 코로나19 감염병으로 인한 팬데믹 Pandemic, 세계적으로 전염병이 대유행하는 상태 현상이 재택근무, 온라인 화상회의 등 업무 공간의 변화를 갑작스럽게 가지고 왔습니다. 찬찬히 준비하고 적응할 시간 없이 재택근무를 바로 할 수밖에 없는 상황을 만든 것입니다. 자연스럽게 비대면 커뮤니케이션을 해야 하는 상황에서 디지털 커뮤니케이션 Digital Communication 의 이슈도 만들어졌습니다. 이러한 이슈들은 우리의 업무 환경에 지속적인 변화를 가져오게 될 것이며, 그 속도는 더 빨라질 것이라 예상해 봅니다.

이 책은,

조직의 커뮤니케이션은 기술과 환경의 변화, 조직의 비전과 성과, 개인의 욕구와 심리의 복잡계 complex system 를 연결하고 있습니다. 글을 쓰면 쓸수록 이렇게 복잡하고 묵직한 조직 커뮤니케이션을 기록한다는 것이 욕심은 아닐까 고민했습니다. 그리고 그것이 욕심이 아닌 목표가 되고 실행될 수 있도록, 작은 단위의 커뮤니케이션을 중심으로 정리하고 기록하기 시작했습니다. 이 책 안에는 커뮤니케이션 세미나와 개선 미팅에서 만났던 다양한 조직의 수많은 리더와 조직 구성원들의 이야기가 담겨 있습니다. 그들의 생각과 경험을 글로 만나면서 더 좋은 조직 문화를 만들고, 더 좋은 리더를 만들고, 일의 가치와 성과를 만드는 데 힌트를 얻으시기를 바랍니다. 고맙습니다.

2020 Transformation,
커뮤니케이션을 통한 온전한 조직관리 리더십을 생각해 봅니다.

서정현

용어 합의

1. 이 책에는 '리더' 단어가 나옵니다. 리더는 기본적으로 팀장의 의미를 담고 있으나 조직에 따라 구성원을 이끄는 위치, 스스로를 리딩 하는 위치에 있는 사람을 말합니다.

2. 이 책에는 '파트너, 플레이어, 팔로워' 단어들이 나옵니다. 기본적으로는 조직의 구성원, 팀원이라는 의미를 담고 있으며 상황에 따라 다르게 표현되어 있음을 말씀드립니다.

3. 이 책에는 'Emotion, 감성, 감정' 등의 단어들이 나옵니다. 모든 단어는 의미가 모두 다릅니다만, 뇌 기준의 이성, 논리, 합리와 마음 기준의 정서, 감정, 욕구 등으로 표현되어 있음을 말씀드립니다.

CONTENTS

CHAPTER ONE

THE COMMUNICATION

모두가 알아야 하는
커뮤니케이션

커뮤니케이션은 성장이다
무엇이 커뮤니케이션을 방해하는가
커뮤니케이션, 어떻게 하고 있는가
조직 커뮤니케이션의 전제조건
조직 변화의 필수템, 커뮤니케이션

리더: 이번 프로젝트는 정말 잘 해내야 해. 알지?

플레이어: ^{고개를 끄덕이며} 네, 알고 있습니다.

리더: 그래서 말인데. 좀 더 혁신적이고 색다르게 접근했으면 좋겠어. 어때?

플레이어: ^{고개를 끄덕이며} 네, 그렇죠. 좀 다르게 접근하는 것이 필요할 것 같습니다.

리더: 좋아! 나와 생각이 같으니 기대하겠네. 내가 믿는 거 알지?

실행계획서를 잘 만들어봐. 다음 주까지 오케이?

플레이어: ^{고민하는 표정으로} 네, 알겠습니다.

주거니 받거니 대화가 진행되었습니다.

리더의 '알지?'와 플레이어의 '안다'가 같은 것일까요?

맥락 문화

'맥락 문화'라고 합니다.

저맥락 문화 ^{Low Context} 는 논리적, 분석적, 직설적, 행동 지향적으로 자신의 의사를 분명하게 표현합니다. 반면, 고맥락 문화 ^{High Context} 는 관계를 고려하고 상황을 해석해야 하는 함축적인 표현이 많습니다. 일반적으로 동서양을 비교해 보면, 중국, 일본, 아랍권 국가 그리고 한국은 고맥락 문화로 분류됩니다. 업무 현장에서는 객관적인 자료에 의해 구체적으로 설명하면 업무가 진행될 것이라고 생각합니다. 하지만 고맥락 문화권에서는 업무 현장이라고 하더라도 서열과 관계를 고려하고, 배경에 담긴 미묘한 뉘앙스를 해석해야 하는 경우가 많습니다.

"당신이 처한 문화 속에서만 당신의 행동이 상식적으로 보일 뿐이다." 미국의 인류학자 에드워드 홀 Edward Hall 이 남긴 말입니다. 그는 자신의 저서 〈문화를 넘어서 Beyond Culture 〉에서 고맥락 문화와 저맥락 문화의 차이가 존재함을 설명합니다.

고맥락 문화 vs 저맥락 문화

고맥락 문화	저맥락 문화
사회 문화적 맥락에 따라 암시적으로 의미 표현	직접적 커뮤니케이션 형태로 의미 표현
집단주의, 통일성 중시	개인주의, 다양성 인정
단순하고 모호한 메시지	세부사항 묘사
문맥, 행간, 유권 해석 이슈	유권해석의 여지가 거의 없음
아이디어 표현에 감정 존중	아이디어 표현에 논리 존중
관계 의존	사실이나 자료 의존

우리의 업무 현장은 국내에 한정되어 있지 않으며, 설사 내가 소속되어 있는 조직이 국내를 기반으로 성과를 만들어 낸다고 하더라도 그 안에 있는 플레이어들은 다양한 문화를 접하고 온 새로운 세대일 수 있습니다. 한국이 고맥락 문화를 가지고 있지만 저맥락 문화를 많이 경험하고 조직에 들어온 구성원들은 전형적인 고맥락 문화가 불편할 수 있습니다. 반대로, 고맥락 문화가 익숙한 기존 직원들은 저맥락 커뮤니케이션을 하는 새로운 세대의 커뮤니케이션 방식이 이해되지 않을 수

도 있습니다. 지속해서 이슈가 되고 있는 세대 차이, 세대 갈등이 커뮤니케이션에서 가장 크게 나타나는 것을 보면, 전형적인 한국의 고맥락 문화에도 변화가 오고 있다고 해석할 수 있습니다.

조직 커뮤니케이션의 변화가 필요한 이유

조직의 업무 환경 변화로 커뮤니케이션이 변해야 하는 이유를 다음과 같이 정리합니다.

❶ 속도가 가늠되지 않는 기술의 변화

❷ 소셜 네트워킹 서비스 SNS, Social Networking Service 를 통한 사회적 관계의 확산

❸ 공유와 협업의 시대

❹ 글로벌 비즈니스

❺ 전형적인 고맥락 문화가 익숙한 한국의 조직

❻ 새로운 세대의 조직 유입

❼ 언택트 Untact 시대, 디지털 커뮤니케이션 Digital Communication 활용 증가

❽ 리더십 패러다임의 변화 필요

❾ 자연스럽게 바뀌고 있는 조직 문화

❿ 그리고 조직의 성과

커뮤니케이션은 조직의 문제 발견 및 해결, 관계 형성, 목표 달성, 지속 성장에 필수 도구입니다. 개인의 성장과 조직의 성장이 함께 할 수 있는 조직 커뮤니케이션의 핵심을 알아보겠습니다.

커뮤니케이션은 성장이다

업무 현장에서 성과를 올리고 개인의 업무 능력을 향상하는 데 있어서 중요한 것은 무엇일까요? 구성원의 동기부여에 필요한 것을 조사해 보면 연봉, 승진, 경험 등의 요소들이 언급됩니다. 이 중에서 가장 중요한 것은 '동기를 유발해 주는 사람'이 아닐까요? 〈피플 웨어〉의 저자, 톰 디마르코 Tom De Marco 와 티모시 리스터 Timothy Lister 가 30여 년 간 많은 기업을 컨설팅하면서 업무 능력에 가장 큰 영향을 끼치는 요소로 꼽은 것은 바로 '함께 일하는 파트너'입니다. 함께 일하는 파트너가 뛰어난 능력을 갖추고 있다면, 협업하는 플레이어들도 능력을 키우면서 일을 잘 마무리하게 된다고 합니다. 반대로 파트너가 수행 능력이 부족하고 일을 끝까지 해내지 못하면, 해당 업무가 잘 마무리되기가 쉽지 않다고 주장합니다. 그리고 구성원들의 경력으로 인한 능력의 평균적인 차이는 21%라고 발표합니다. 이것은 일하는 방법이나 순서에 영향을 미치게 될 뿐 업무 결과에는 큰 영향을 미치는 것이 아니라고 합니다. 연구 결과를 정리하면, 조직에서 함께 일하는 파트너가 있다는 것은 매우 중요하며, 경력이 오래된 파트너보다 좋은 시너지를 만들어 낼 수 있는 파트너가 필요하다는 것으로 해석할 수 있습니다.

그렇다면 업무 현장에서 함께 일하게 될 파트너를 선택할 수 있을까요? 그리고 선택할 수 있다고 하더라도 100% 옳은 선택을 할 수 있을까요? 어렵습니다. 경험이나 경력이 많다고 해서 항상 성과를 올리는 것은 아니며 어떤 사람이 성과를 올리는지도 알 수 없습니다. 그러므로 현재 함께 일하는 플레이어들이 상호 교류를 통해 서로가 일을 잘 할 수 있는 분위기를 형성하는 것이 필요합니다. 상호 교류를 한다는 것은 결국 커뮤니케이션을 하는 것입니다. 커뮤니케이션을 잘하는 사람은 큰 무기를 가지고 있는 것과 마찬가지입니다. 도구는 누구나 가지고 있지만, 그것을 힘이 되는 무기로 만드는 것은 얼마나 갈고 닦는지에 따라 달라집니다. '커뮤니케이션'이라는 도구를 무기로 만들기 위해 커뮤니케이션이 조직에서 어떤 역할을 하는지 알아보겠습니다.

조직 커뮤니케이션, 어떤 역할을 하고 있을까?

첫 번째 역할은, '조직 성과에 기여'입니다.

조직이 성과를 낸다는 것은 문제를 해결하는 것입니다. 그 문제는 이미 발생한 것일 수도 있지만, 현재보다 더 나은 미래를 위한 탐색을 통해 찾게 되는 문제도 있고 앞으로 일어날 것이라고 예상되는 문제일 수도 있습니다. 그런 문제의 해결은 조직에 소속되어 있는 모든 플레이어의 '공동 목표'가 됩니다. 조직 커뮤니케이션이 제 역할을 한다는 것은 조직의 성과와 개인의 문제해결 능력을 높이는 것입니다.

두 번째 역할은 '조직의 유기적 연결'입니다.

조직은 공동의 목표 달성을 위해 '팀'을 구성합니다. 회사라는 큰 조직을 위해 팀 단위의 작은 조직들이 유기적으로 움직여 공동의 목표를 위해 움직이는 것입니다. 이때 활용되는 조직 커뮤니케이션은 긍정적인 동기부여 에너지를 만들고 조직의 사기를 높이는 데 활용될 수 있습니다.

세 번째 역할은 '신뢰의 강화'입니다.

신뢰의 가치가 점점 높아지고 있습니다. 특히 조직에서는 성과관리 측면에서 주목을 받고 있습니다. 조직의 '신뢰 자산'에 대한 연구는 다양하게 진행되고 있으며, 신뢰도가 높은 조직이 생산성도 높다는 연구 결과도 있습니다. 신뢰는 정보나 결과를 투명하게 공유하는 것부터 시작합니다. 이것은 결국 커뮤니케이션을 통해 가능합니다.

네 번째 역할은 '건강한 관계문화 조성'입니다.

개인 간 유기적인 상호작용은 조직의 성과에만 영향을 미치는 것이 아니라 노력하는 개인의 성장도 돕습니다. 조직의 구성원들이 서로의 성장을 응원하고 그 관계를 유지할 수 있도록 노력하면 조직의 문화는 건강해집니다. 건강한 문화 안에서는 서로의 의견이 다를 수 있음을 인정하고, 왜곡이나 오해를 줄이기 위해 더 많은 커뮤니케이션을 합니다. 이는 플레이어-플레이어, 리더-플레이어, 경영진-조직 구성원, 크게는 조직-고객^{주주} 의 관계까지 확장할 수 있습니다.

마지막은 '기대되는 미래'입니다.

세상이 변하듯 조직도 변합니다. 잘 나가던 기업 브랜드가 역사 속으로 사라지기도 하고, 새로운 브랜드가 나타나면서 세상을 혁신적으로 만듭니다. 대표적으로 사라진-남겨진 기업을 살펴보면, 벤처기업의 신화인 '팬택'과 '애플', 컴퓨터 종합 유통 '세진컴퓨터랜드'와 '롯데하이마트', 한국에서 가장 오래된 '조흥은행'과 지금의 '신한은행', 온라인 대화 메신저 '버디버디'와 '카카오톡', 검색 포털 '야후코리아'와 '구글' 등을 볼 수 있습니다. 조직은 지속 성장의 사명을 가지고 있으며, 변화와 혁신을 통해 미래를 만들어야 합니다. 이것을 가능하게 하려면 자유롭게 생각하고 아이디어를 공유하고 실행하는 커뮤니케이션 환경이 있어야 합니다.

커뮤니케이션, 어떻게 하면 잘 할 수 있을까?

조직 커뮤니케이션을 향상시키 위해서는 환경을 구축하는 것이 매우 중요합니다. 그러나 커뮤니케이션을 잘 하기 위한 공간이나 시스템 환경이 완벽해지는 것을 기다릴 수 없기 때문에 구성원 개개인들의 커뮤니케이션 활동이 강조되는 것입니다. 커뮤니케이션을 잘하기 위해 동료들과 연습만 할 수는 없습니다. 잘하고 싶어서 무조건 많이 하는 것은 커뮤니케이션의 양적인 측면만 늘어나게 하는 것입니다. 업무 커뮤니케이션은 수다처럼 많은 양이 필요한 것이 아니라, 적절한 양의 품질 좋은 커뮤니케이션을 하는 것이 중요합니다.

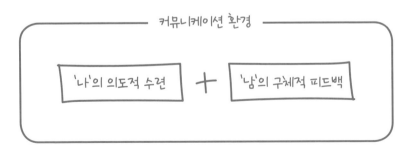

주어진 환경에서 커뮤니케이션을 잘 하기 위해서는 개인적으로 '의도적 수련'을 해야 합니다.

품질 전문가 제럴드 와인버그 Gerald Marvin Weinberg 는 "품질이란 누군가에게 가치가 되는 것이다." 라고 정의합니다. 커뮤니케이션 역시 누군가에게 가치를 제공하는 것입니다. 그렇기 때문에 동료나 리더, 외부 고객들과 원활한 커뮤니케이션을 위해서 머리와 마음으로 시뮬레이션하는 것이 필요합니다.

인간은 태어나는 순간부터 숨을 쉬고 있지만, 그 호흡이 항상 고른 것은 아닙니다. 평소에는 편안하게 호흡하는 것 같지만, 중요한 순간에는 호흡이 가빠지는 경우가 있습니다. 이럴 때는 잠시 심호흡을 하라고 합니다. 커뮤니케이션 역시 말을 할 줄 알고 귀로 들을 줄 안다고 해서 자연스럽게 되는 것이 아닙니다. 업무 현장에서 성과를 내기 위해서는 일상 업무를 잠시 멈추고, 어떻게 말을 하고 들어야 하는지 의도적으로 멈춰서 이미지 트레이닝을 해야 합니다.

커뮤니케이션을 잘하기 위해서는 '피드백'을 받아야 합니다.

수시로 혹은 정기적으로 피드백을 받으면 커뮤니케이션은 더 좋아질 수 있습니다. 건강을 위해서는 평소 스스로 운동하는 것이 필요합니다. 여기에 더해서 트레이너에게 운동하는 방법과 자세를 점검받으면 그 효과는 더 향상됩니다. 또한, 병원 정기검진을 통해 내 몸 상태를 더 정확하게 확인하면 운동법에 변화가 필요할 수도 있습니다. 예를 들어 건강을 위해 웨이트 트레이닝을 했는데, 나에게 맞는 진짜 운동은 요가일 수도 있고 혹은 운동을 하면 안 되는 상황일 수도 있기 때문입니다.

그렇기 때문에 전문가를 통해 정확한 피드백을 받는 것이 중요합니다.

그렇다면 업무 커뮤니케이션 피드백은 누구에게 받아야 할까요? 바로 업무 현장의 '파트너'입니다. 피드백이라고 하면 위에서 아래로 내려주는 것으로 생각할 수 있습니다. 또 상대적으로 연차가 쌓이고 직급이 올라가면 피드백을 받을 기회가 적어지기도 합니다. 하지만 피드백은 서로에게 성장을 도와주는 마음으로 일방향이 아닌, 다방향으로 진행되어야 합니다.

사실 '피드백을 한다.', '피드백을 받는다.' 어떤 상황이든 마음이 편하지는 않습니다. 그래서 피드백을 하는 사람의 '마음 시작점'이 중요하고, 피드백을 받는 사람의 '열린 마음'이 필요합니다. 나와 네가 아닌 우리가 되기 위해서는 서로 피드백을 해주고 그것을 받아들일 수 있는 문화를 만드는 것이 필요합니다.

기억합니다. 조직 커뮤니케이션은 배우고 익힐수록 더 잘 할 수 있습니다.

조직에서 커뮤니케이션을 원활하게 하고 싶은 것은 인간의 기본적인 욕구에 가깝습니다. 그 어떤 구성원도 자신으로 인해 조직 내 소통에 오류가 생기거나 문제가 발생하기를 원한다고 생각하지 않습니다. 누구나 완벽하게 잘하고 싶음에도 불구하고 커뮤니케이션은 발신과 수신 과정에서 커뮤니케이션의 매체 이슈로 정확하게 전달되지 않거나 누락될 가능성이 있습니다.

그렇다면 우리가 벤치마킹할 만한 '커뮤니케이션을 완벽하게 잘하는 조직'이 있을까요? 사실 완벽한 커뮤니케이션 문화를 가지고 있는 조직을 찾기는 어렵습니다. 그래도 희망적인 것은 커뮤니케이션을 완벽하게 잘하는 조직을 찾기는 어렵지만, 조직마다 잘하고 있는 부분적인 요소는 찾을 수 있다는 것입니다. 커뮤니케이션을 잘하기 위한 요소들을 찾아보고 우리 조직에 필요한 것을 도입하거나 도움이 되지 않는 나쁜 것을 버리는 작업을 해야 합니다.

전략적으로 조직의 변화를 만들기 위해 기본적으로 조직의 현재 강점 Strength 과 약점 Weakness 을 분석합니다. 강점과 약점을 찾았다면 '강점'에 집중하여 더 나아지는 방안을 찾습니다. 그렇다면, 약점은 어떻게 할까요? 약점은 알아서 없어지지 않습니다. 무심하게 방치해두면, 어느 순간 더 크게 부각되어 조직 내 문제를 만들 수 있습니다. 이것은 조직뿐 아니라 개인에게도 해당합니다.

최소량의 법칙 Law of Minimum

1840년, 독일의 식물학자 유스투스 리비히 Justus Liebig 는 '필수 영양소 중 성장을 좌우하는 것은 넘치는 요소가 아니라 가장 부족한 요소'라는 '최소량의 법칙'을 발표합니다. 그는 물통을 예를 들어 설명했는데, '나무판자를 덧대 만든 물통 중 높이가 가장 낮은 판자가 물의 담는 양을 결정한다'는 것입니다.

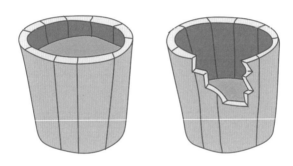

최소량의 법칙과 조직 커뮤니케이션 문화를 연결해서 생각해 봅니다. 우리 조직, 우리 부서, 그리고 나는 어떤지 잠시 멈추고 질문에 머물러 보기를 권합니다.

- 회사 조직 전체의 협업을 위해 소통의 활성화가 가장 필요한 곳은 어디입니까?
- 구축된 커뮤니케이션 시스템에서 문제를 많이 일으키는 부분은 어디입니까?

- 플레이어의 커뮤니케이션 역량 개발을 더디게 하는 리더의 태도는 무엇입니까?
- 팀 안에서 업무 커뮤니케이션 역량을 가장 많이 강화해야 하는 사람은 누구입니까?
- 개인적으로 커뮤니케이션에서 가장 약한 부분은 무엇입니까?

위의 질문을 바탕으로 '부족한 부분'이 '넘치는 부분'의 잠재력을 발휘하지 못하도록 붙잡고 있지는 않은지 살펴봐야 합니다. 조직의 위기는 조직 내 가장 약한 판자에서 발생하기 때문입니다. 조직 내 소통이 원활하게 흘러갈 수 있도록 이를 방해하는 가장 약한 요인을 찾고, 이를 채우기 위한 방법을 찾아야 합니다.

조직 커뮤니케이션의 영향 요소

커뮤니케이션이 조직의 성과를 위한 '필수 도구'이자 '중요 도구'인 것을 우리는 알고 있습니다. 그런데 이 도구가 제대로 활용되지 않는 이유는 무엇일까요? 바로 다양한 요소들이 커뮤니케이션에 영향을 주고 있기 때문입니다. 조직 커뮤니케이션에 영향을 미치는 요소는 크게 '환경 요인'과 '개인 요인'으로 나누어 볼 수 있습니다.

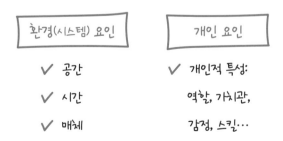

환경 시스템 요인: 공간, 시간, 매체

첫 번째는 '공간'입니다.

우리는 업무를 포함한 대부분의 생활을 공간에서 합니다. '공간'이라는 단어를 들었을 때 어떠한 장면이 머릿속에 떠오르시나요? 소위말하는 '핫 플레이스Hot Place'를 떠올려 보면, 건물의 외부와 내부가 유기적으로 연결된 공간도 있고, 천장을 높게 설계하거나 그 공간의 인테리어가 색다른 것을 볼 수 있습니다. 그리고 이러한 공간은 개인의 마음가짐에 변화를 줍니다. 이러한 이유 때문인지 최근에는 공간에 대한연구가 활발히 일어나고 있습니다.

천장의 높이와 사고에 관한 연구에서는 천장의 높이가 높을수록창의적으로 사고하는 데 도움이 되고, 천장의 높이가 낮으면 섬세한 작업을 하는 데 도움이 된다고 합니다. 또한, 공간의 색이 푸른색일 경우에는 마음을 여유롭게 만들고 창의적이거나 긍정적인 생각을 할 수 있도록 도와주며, 붉은색의 경우에는 마음을 조급하게 만들고 부정적인생각을 하게 될 확률이 높다고 합니다. 공간에 설치된 인테리어 가구의경우에는 직선보다 곡선일 때 구성원들이 더 편안하게 일할 수 있다는연구결과도 있습니다.

프랑스 철학자인 앙리 르페브르Henri Lefebvre는 "새로운 사회적 관계가새로운 공간을 요구하고, 새로운 공간이 새로운 사회적 관계를 낳는다."라고 말합니다. 공간 심리학자인 바바라 페어팔Barbara Perfahl도 그의 저서 〈공간의 심리학〉에서 공간이 사람을 만든다고 표현하면서 공간의 중요성을이야기합니다. 공간은 능력 발휘에 도움을 주며 부적절하게 구성된 공간은 에너지를 빼앗아 가고 사회적 관계에도 영향을 미친다고 합니다.

최근 학교에서는 창의적 공간, 감성적 공간으로 혁신을 꾀하면서 시설의 변화, 책상, 의자, 칠판의 변화, 칼라Color 등에 변화를 주고 있습니다. 이는 학교가 단순히 지식의 전달과 수용의 공간이 아니라, 사고·소통·협력의 사회화를 체험하는 공간으로 바뀌어 가는 것으로 설명할 수 있습니다.

세계 최고의 회사 중 하나인 구글이 업무 공간을 자유로운 놀이 공간으로 꾸민 것도 공간의 중요성을 반영한 결과입니다. 구글은 직원 간 협업을 유도하기 위해 '직원 간 대화 늘리기'를 목표로 우연한 만남을 극대화하도록 사무실을 설계했으며, 모든 직원이 2분 30초만 걸으면 얼굴을 볼 수 있다고 합니다. 요즘 많은 조직들이 파티션을 없애고 오픈 된 공간을 많이 만들고 있는 것도 다 이유가 있는 것입니다.

공간이 아닌 공간도 있습니다.

세계 각국에 지사를 보유한 일부 다국적 기업들은 원거리 이슈, 비용 절감으로 인해 클라우드를 기반으로 한 화상회의를 합니다. 이제는 화상회의가 특정 기업만의 시스템이 아닙니다. 재택근무나 사회적 거리 두기 캠페인 등으로 온라인 화상회의가 새로운 문화로 자리 잡고 있습니다. 이로 인해 특별한 공간 이슈가 없다고 말하기도 합니다. 실제로 온라인 화상회의를 하면 공간 이슈가 없는 것일까요?

온라인 화상회의는 PC 화면이라는 공간 안으로 회의 참석자들이 들어가게 됩니다. 그리고 카메라를 통해 만나는 '화면 공간'은 몰입을 높이기도 하지만 피로감을 주기도 합니다. 또한 PC 안의 '화면 공간'이 '사무 공간 안의 화면 공간'인지 '개인 공간 안의 화면 공간'인지 카페같이 '사회적으로 오픈 된 공간 안의 화면 공간'인지에 따라 회의 참석자들은 영향을 받습니다. 화상회의로 인해 부각된 '화면 공간'은 앞으로 회의 커뮤니케이션에 큰 변화를 가지고 올 것입니다.

공간 속의 공간도 있습니다.

집중해야 하는 업무 통화나 개인적인 통화를 할 때 사무실 밖으로 나가서 통화를 하는 경우가 있습니다. 하지만 통화를 하기에 적당한 공간이 없어서 복도를 배회하면서 통화를 하기도 합니다. 최근에 만들어진 사무실을 보면, 사무실 한 켠에 통화에 집중할 수 있는 폰 부스Phone Booth 공간이 있습니다. 사무실 밖을 나가지 않고 통화에 집중할 수 있습니다. 1명이 들어가서 통화만 할 수 있는 작은 공간부터 상황에 따라 소수 인원이 들어가 회의를 할 수 있도록 만들어져 있기도 합니다.

최근 조직에서 이슈되는 공간에는 버추얼 공간Virtual Space 이 있습니다.

비대면으로 실시간 회의나 교육이 화두가 되면서 줌Zoom , 팀즈Teams , 구루미와 같은 시스템을 활용하기 시작했습니다. 개인들이 노트북을 활용하여 영상 회의나 교육에 참석합니다. 재택근무일 경우에는 집에서 참석하겠지만, 사무 공간에서 참석을 하게 될 경우에는 어떨까요? 회의실 말고 폰 부스Phone Booth 와 같이 또다른 공간이 필요한 상황이 만들어지고 있습니다. 특히나 재택으로 교육에 참석한다고 했을 때, 교육 참여 정도나 교육의 효과, 52시간 근무제 등의 여러 가지 제약 사항이 발생할 수 있습니다. 그래서 인재육성, 교육 담당 부서에서는 러닝 부스 Learning Booth 에 대한 고민이 필요합니다.

공간 속의 공간이 꼭 필요한 것인가에 대한 의문이 있기는 하지만, 다양한 매체와 함께 커뮤니케이션이 이루어지면서 공간에 대한 이슈는 지속될 것입니다.

다음은 '시간'입니다.

시간은 한정적입니다. 그렇기 때문에 '시간을 어떻게 활용하느냐'가 많은 조직의 최대 이슈라고 할 수 있습니다. 요즘 구성원들 개개인은 너무 바쁩니다. 업무를 하기 위해 정보를 수집하고 재구성을 해야 하는데, 생각할 시간이 없다 보니 정보의 양에 비해 통찰이 부족합니다.

또한 협업을 통해 문제를 해결해야 하는데, 만날 시간적 여유가 부족하다는 것입니다. 그리고 만났다고 하더라도 깊이 있는 논의보다는 단순 공유로 끝나기도 합니다. 조직마다 다르기는 하지만 2019년 4월 1일부터 시행된 52시간 근무제로 인해 '개인의 시간', '함께의 시간' 활용이 제대로 안 되는 경우가 아직도 많습니다.

코로나19 팬데믹 Pandemic 으로 인해 급하게 시작된 온라인 회의도 시간과 연결됩니다. 오프라인에서 갖는 대면 미팅을 10시에 한다고 하면 시간 맞춰 참석자들은 모임 장소로 모이게 됩니다. 화상 회의는 어떤가요? 10시에 미팅이라고 해서 10시에 접속을 시도해서는 안 됩니다. 영상과 음성, 또 동시에 접속했을 때 발생하는 문제점들은 없는지 준비하는 시간이 필요합니다. 사실 접속을 위한 준비를 다 했다고 하더라도 막상 그 시간에 접속이 끊어질 수도 있습니다. 또한 정해진 시간 안에 계획한 의사결정이 모두 끝날 수 있도록 사전 자료 배포 및 숙지, 시간 운영은 필수입니다. 시간의 이슈는 개인만의 문제가 아닌 리더와 플레이어, 업무 담당자 간, 팀과 팀, 조직의 지속적 이슈가 되고 있습니다.

마지막으로 '커뮤니케이션 매체'입니다.

우리는 커뮤니케이션을 하기 위해 면대 면으로 만나기도 하지만 전화나 이메일, 화상회의 시스템 등 다양한 매체를 사용하게 됩니다. 시대와 세대가 바뀌듯 매체도 진화하고 있습니다. 정보를 정확하고 효

메신저 커뮤니케이션 사례

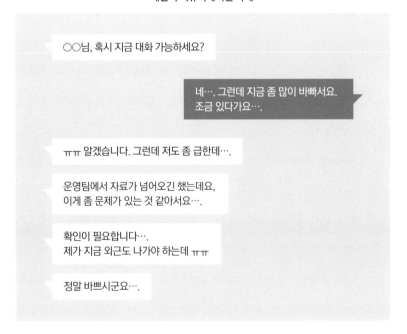

과적으로 전달하기 위해서는 매체 사용에 제약이나 불편함이 있으면 안 됩니다. 이는 시스템의 문제이기도 하지만 사용자의 활용 역시 큰 영향을 미칩니다. 매체를 활용한 커뮤니케이션은 효율성과 효과성에 대한 이슈를 모두 가지고 있습니다.

'혹시 대화 가능하신가요?' 메신저 커뮤니케이션을 할 때 대부분 대화가 가능한지 먼저 확인합니다. 메신저 커뮤니케이션에서 꼭 필요한 행동입니다. 또한, 확인을 했다고 해서 대화가 시작되는 것은 아닙니다. 자리에 없는 경우도 있고, 자리에는 있으나 커뮤니케이션이 불가능한 경우도 있습니다. 이런 상황에서는 커뮤니케이션을 어떻게 하면 좋을까요?

제가 근무했던 곳에서는 업무 메신저를 사용할 때 '이모티콘 사용 자제'와 'ㅠㅠ 사용 금지'를 교육했습니다. 일상 메신저와 업무 메신저 사용에 차이를 두는 것이 필요합니다.

우리가 흔히 사용하는 이메일은 읽는 사람의 감정 상태에 따라 '내용의 왜곡'이 발생하기도 합니다. 리더는 격려 차원으로 플레이어에게 메일을 보내지만, 플레이어는 잔소리로 받아들일 수도 있습니다. 리더가 팀 전체에게 정보나 피드백을 전달하는 경우, '기쁜 마음으로 보냅니다.', '도움이 되었으면 하는 마음으로 보냅니다.'라고 기록을 하면 감정의 왜곡 현상을 줄일 수 있습니다. 물론, 모든 상황에 항상 적용하기는 어렵습니다.

인간성을 담기 어려운 매체 커뮤니케이션은 단순 전달과 무조건적인 수용으로만 끝날 수도 있습니다. 이를 해결하기 위해서는 매체의 활용을 어떻게 하느냐가 중요합니다. 환경적 요인을 바꾸기 어렵다고 하더라도 문제가 발생할 수 있음을 인지하고, 개인의 커뮤니케이션 활동을 조금 더 계획적으로 준비하고 실행해야 합니다.

개인 요인: 역할, 가치관, 감정……

개인 요인을 분류하기에는 종류가 너무 다양합니다. 그중 몇 가지만 살펴보겠습니다.

첫 번째 요인은 '개인의 역할'입니다.

소속된 조직에서 부여된 역할, 직급이나 직위, 연차 등으로 인한 영향입니다. 조직의 구성원은 각자의 역할 가면Persona: 페르소나 을 쓰고 커뮤니케이션을 합니다. 페르소나는 서로에게 조심스럽고 신중하게 표현되지만, 그로 인해 발생한 긴장감으로 커뮤니케이션에 영향을 줄 수 있습니다.

두 번째 요인은 '가치관의 차이'입니다.

가치관은 구성원 개개인이 자신의 경험에 근거하여 자연스럽게 만들게 된 판단의 틀, 기준입니다. 가치관의 차이로 업무의 초점과 방향에 차이가 발생하거나 메시지의 선입견을 만들어 이해 과정에서 왜곡을 일으킬 수도 있습니다.

세 번째 요인은 '감정'입니다.

개인의 현재 감정 상태는 생각과 행동에 영향을 줄 수 있습니다. 상대에게 가지고 있는 감정으로 인해 행동이 달라지기도 합니다. 상대에 대한 감정이 좋은 상황에서는 상대방의 의견을 무조건 수용하고 긍정적으로 해석할 수 있습니다. 반대로 감정이 좋지 않은 경우에는 의견에 반응하지 않고, 모든 정보를 배제하여 꼭 필요한 것을 놓치는 경우도 발생합니다.

네 번째 요인은 '정보 관리력'입니다.

정보의 과잉현상이 생기면 합의를 보기가 어렵거나 정보를 아예 무시하는 경우도 발생합니다. 그리고 개인이나 특정 부서의 '정보 독점'으로 조직 전체의 의사결정에 문제가 되는 상황을 만들 수도 있습니다.

마지막으로, '커뮤니케이션 언행'입니다.

커뮤니케이션 당사자 간의 태도가 문제를 일으킬 수 있습니다. 정보를 전달하는 사람의 발음이나 부적절한 용어 사용, 정보를 듣는 사람의 자의적 해석이나 선택적 청취 등이 여기에 해당됩니다. 그리고 전달자와 수신자의 몸 언어 Body Language 도 커뮤니케이션 과정에서의 영향 요인으로 크게 작용됩니다.

조직 커뮤니케이션에 영향을 미치는 환경 요인과 개인 요인을 살펴보았습니다. 한동안 이슈가 되었던 '직장인의 넵병'도 커뮤니케이션 환경과 개인적인 요인들로 결합되어 만들어진 조직 커뮤니케이션의 새로운 문화라고 해석할 수 있습니다. 리더의 메신저 업무 지시와 플레이어의 빠른 회신이 '네'라는 단어로 표현이 되는데, 그 안에서도 개인의 감정이 반영되어 '네', '넹', '넵', '네넹' 등의 다양한 답변을 생성하게 된다는 것입니다. SNS에서 '넵병'에 대한 다양한 글을 확인할 수 있는데, 그중에서도 양해성님의 브런치 글, 〈'넵'병은 실재했다〉에 올라온 '넵 Map'이 너무 인상적이어서 공유합니다.

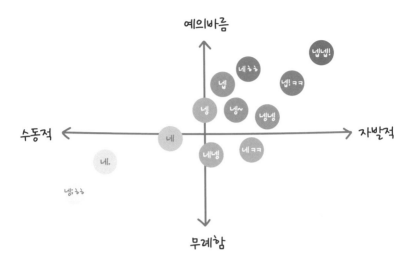

어떤 언행이 커뮤니케이션을 방해할까?

커뮤니케이션의 개인 요인을 조금 더 들여다보면 커뮤니케이션 '언어'가 있습니다. 커뮤니케이션을 방해하는 말에는 어떤 것이 있을까요? 1대 1로 커뮤니케이션을 하거나 1대 다수로 회의하는 경우를 생각해 볼까요? 의견을 말하는데 듣는 사람이 이렇게 말합니다.

"이건 당연히 알고 있어야 하는 것 아닌가요?"

"에이~ 그거 모르는 사람이 어디 있어요?"

"그게 아니잖아~. 그 말이 왜 틀렸냐 하면······"

"그래서 결론이 뭔데?"

"제대로 확인하지 않고 말하는 것 같은데?"

"나는 모르겠으니까 알아서 하세요."

이런 말들은 말하는 사람의 의욕을 꺾는 것입니다. 이후에는 발언 예정인 내용들이 침묵 속에 사라지거나 갈등이 유발될 수도 있습니다.

말 언어 Verbal Language 뿐만 아니라 준비된 문서를 소리를 내며 뒤척거리거나 혼자만의 추임새, 미덥지 못하다는 눈빛, 팔짱을 끼고 있는 자세들은 만족스럽지 않다는 의사가 몸으로 표현이 되면 말하는 사람을 위축시킬 수도 있습니다.

말 언어 Verbal Language 와 몸 언어 Body Language 는 상대방을 위축시키는 것으로 끝나는 것이 아니라, 조직 전체에서 발휘해야 하는 자신의 영향력 점수도 깎아내릴 수 있다는 것을 잊지 말아야 합니다.

상대방을 불편하게 만드는 말과 행동은 위계 조직 구조로 보았을 때 직급이 높거나 경력이 많은 선배나 리더로부터 발생하는 경우가 많습니다. 그렇다고 반대의 경우가 없는 것은 아닙니다. 팀 전체 회의 시간에 리더가 정보 공유나 업무 지시를 하는데 구성원들이 표정의 변화도 없고, 침묵을 하는 경우가 있습니다. 이는 정보의 교환, 리더의 의사결정, 조직 문화에 좋지 않은 영향을 미칠 수 있음을 우리는 알고 있습니다.

커뮤니케이션, 어떻게 하고 있는가

우리는 잠들어 있는 시간을 제외하고 깨어 있는 대부분의 시간 동안 끊임없이 커뮤니케이션을 합니다. 말 언어 Verbal Language , 몸 언어 Body Language , 상대가 있는 커뮤니케이션, 그룹이 있는 토론, 혼자 생각하면 서……. 지속적으로 커뮤니케이션 하고 있습니다. 개인적으로 학창 시절에는 커뮤니케이션을 어떻게 해야 하는지 특별히 생각하지 않았던 것 같습니다. 그런데 회사라는 조직에 몸을 담기 시작하면서 말을 하고 듣는다는 것이 내 마음 같지 않다는 생각을 많이 하게 되었습니다. 이 글을 읽고 계신 분들은 어떤가요?

커뮤니케이션, 잘 하고 있으신가요?

전문성 연구의 대가인 에릭슨 K. Anders Ericsson 에 의하면, 특정 영역에서 개인이 성취할 수 있는 최고 수준의 성과는 경험을 오래 한다고 해서 자동으로 얻을 수 있는 것은 아니라고 합니다. 오랜 시간 커뮤니케이션을 해왔지만 커뮤니케이션 전문가가 되지 못할 수 있다고 해석이 되는 전문가의 말에 위안이 됩니다.

전문성을 얻기 위해 필요한 것은 '단순한 경험'이 아니라 '경험을 통한 학습'입니다. 경험한 것으로 끝내는 것이 아니라 경험을 많이 하고, 경험을 통해 생각을 정리하는 것입니다. 자신 안에 있는 암묵적인 지식을 몸과 마음을 통해 성숙하게 만드는 것이 중요합니다. 암묵적 지식은 꺼내고 정리하면서 진짜 자신의 것이 됩니다. '조직 커뮤니케이션'은 조직 내 교육이나 코칭, 멘토링, 면담 등으로 지속 관리되고 있습니다. 그리고 이를 통해 확인하게 되는 것은 '아는 것과 하는 것에는 분명한 차이가 있다'는 것을 스스로가 알아차린다는 것입니다.

조직 커뮤니케이션 세미나에서 '개인의 커뮤니케이션 행동'에 대해 이야기를 나눌 때입니다.

"조직에서 업무 커뮤니케이션, 어떤 행동이 좋으십니까? 반대로 어떤 행동이 싫고 불편하십니까?"

토론에서 나온 내용은 조직마다 또 역할마다 크게 다르지 않음을 알 수 있습니다. 그리고 대부분 서로의 의견에 동의한다는 것입니다. 아래의 내용이 커뮤니케이션 행동 전체를 나타내는 것은 아니지만 많이 반복되는 내용이라 공유합니다.

직장인들이 말하는 조직 내 커뮤니케이션 '좋아요' 행동

- 개인의 일이 아니라 우리의 일이라 생각하고 호기심을 가지고 참여하는 모습

- 수시로 새로운 아이디어나 정보를 공유해 주는 것

- 말을 끊지 않고 끝까지 잘 들어주는 것

- 공감 맞장구, 리액션, 호응 잘 해주는 모습

- 상호 의견을 존중하면서 협의하는 모습

- 핵심을 잘 파악해 이해하려고 노력하는 모습

- 모르는 것은 모른다고 정확하게 표현하고 대안을 찾을 수 있도록 해주는 것

- 논리적으로 간략하게 말하는 것

- 말과 글이 일치되는 것 뉘앙스를 해석하지 않아도 되는 것

- 리더나 동료가 나의 생각을 물어봐 주는 것

- 영상 도구를 활용한 현장 확인이 필요할 경우 사전에 상황을 먼저 물어봐 주는 것

- 메일로 자료를 보내고, 전화나 메신저로 알려 주는 것

직장인들이 말하는 조직 내 커뮤니케이션 '싫어요' 행동

- 상대방 말을 끝까지 듣지 않고 자기 이야기만 하는 모습

- 부정적 어투와 상대를 무시하는 것 같은 행동

- 잘난 척, 있는 척, 알고 있는 척, 모르는 척, 해당 안 되는 척, 아닌 척

- 회의나 대화 중 딴짓하는 모습

- 자기주장이 너무 강한 모습

- 비논리적이고 장황하게 풀어놓는 모습

- 답변이나 회신이 늦거나 없는 것

- 갑자기 감정적으로 표현하는 것

- 상대의 시간을 배려하지 않고, 자신이 가능한 시간에 대화하려는 행동

- 메신저로 자신의 이야기를 통보하는 것

- 재택근무 시 수시로 영상 전화나 ZOOM을 활용하여 확인하는 것

- 잦은 단톡방 생성이나 단톡방을 나가는 행동

　　반복적으로 나오는 답변들을 통해 '사람들이 느끼는 것은 모두 비슷하구나.'라는 생각을 하게 됩니다. 또한, 사람들은 자신의 모습을 스스로 보는 것이 아니라, 커뮤니케이션 상황에서 자신의 눈에 비친 누군

가를 떠올리며 이야기하는 것을 유추해 볼 수 있습니다.

직장인들이 좋아하는, 싫어하는 커뮤니케이션 모습을 보면서,

특히 마음이 가는 내용은 무엇입니까?

그것은 나의 모습인가요? 상대의 모습인가요?

만약 나의 모습이라면 어떻게 조정하면 좋을까요?

04

조직 커뮤니케이션의 전제조건

성과를 위한 조직 커뮤니케이션에서 중요한 것은 과업 수행의 파트너들이 원활한 커뮤니케이션을 통해 목표를 달성하는 것입니다. 여기에서 우리는 공동의 목표를 달성하기 위해 커뮤니케이션에 참여한 플레이어들의 역할이 매우 중요하며 자신의 생각과 감정, 경험 등을 가지고 커뮤니케이션에 임한다는 것을 알아야 합니다.

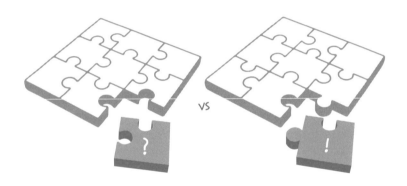

　조직에서 비전 달성과 목표 달성을 표현할 때 퍼즐 이미지를 예시로 드는 경우가 많습니다.

"우리는 함께 이런 그림을 그리려고 합니다."
"우리는 이런 모습의 퍼즐을 맞추려고 합니다."

조직 구성원들은 비전에 대한 그림이나 퍼즐의 모습이 명확할수록 전체 이미지를 쉽게 떠올리면서 움직이게 됩니다. 명확하지 않으면 어떻게 될까요? 예쁜 그림을 각자 그리게 됩니다. 예쁜 그림을 전체가 그려 왔는데 팀의 완성도가 떨어지면 버려지거나 다른 그림을 추가로 덧그리게 되는 경우가 발생합니다. 그래서 조직 커뮤니케이션에서는 '공유'가 우선 되어야 합니다.

업무의 효과와 성과를 올리는 공유 Share

업무의 효과와 성과를 올리는 과정에서 신뢰를 얻으려면 목적과 역할, 과정에 대한 공유가 필요합니다. 우리가 만나서 무엇을 하려는 것인지, 과정은 어떻게 진행되는 것인지 등의 공유가 업무 수행에 영향을 미치기 때문입니다. 조직 커뮤니케이션에서 목적과 역할, 과정의 공유는 기본 전제 사항입니다.

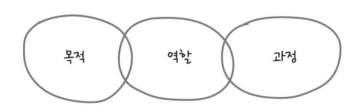

첫 번째로, 목적이 공유되어야 합니다.

파트너들이 회의를 하는데 목적이 공유되지 않으면 원활한 회의 진행이 되지 않습니다. 실제로 뚜렷한 목적이 공유되지 않아서 각자의 생각을 말하는 것에만 시간을 소요하는 경우를 많이 봅니다. 최종 결과물에 대해 누군가는 동그라미를 생각했는데, 누군가는 사각형을 생각하면서 참석하는 상황이 벌어지면 최종 결과 이미지를 재확인하는 시간이 소요되어 전체적으로 시간이 부족해질 수 있습니다. 또한 회의에 참석을 하는 상황에서 누군가는 아이디어 모음 차원으로 다양한 생각을 가지고 참석을 하고, 누군가는 앞으로의 수행 일정을 체크하기 위해 참석한다면 어떻게 될까요? 이는 회의를 주최하는 사람 혹은 부서에 대한 불만으로 갈등을 유발시키며 회의에 대한 회의감을 만들 수 있습니다. 결과 이미지를 포함한 회의의 목적이 정확하게 공유되는 것은 조직 커뮤니케이션에서 중요합니다.

두 번째는, 서로의 역할이 공유되어야 합니다.

조직에서 리더가 되면, 가장 먼저 해야 하는 것이 자신이 리더라는 것을 인식하고 리더로서 어떤 역할을 할 것인지 생각하는 것입니다. 함께 일을 할 때도 마찬가지입니다. 회의를 진행할 때, 자신이 진행자인지 발표자인지 알아야 합니다. 이처럼 역할이 명확해지면 대신 참석하거나 꼭 필요하지 않은 구성원이 참석하는 것을 사전에 방지할 수 있으며 또한 역할에 맞추어 커뮤니케이션 준비를 할 수 있게 됩니다.

세 번째는, 과정이 공유되어야 합니다.

과정의 공유는 기준 설정과 같습니다. 과정의 공유 없이 일하다가 일정 등의 문제가 발생하게 되면 '남 탓'을 하는 상황이 벌어질 수 있습니다. 그리고 여기에서 하는 '탓'의 기준점은 공식적인 것이 아닌 개인적인 것이 됩니다.

협업 시 전체 과정이 공유되면 협업 대상자들은 안정감을 가지고 일을 할 수 있습니다. 일정에 맞춰 시간 관리를 할 수 있으며, 다음 단계를 생각하면서 일을 할 수 있기 때문에 협업의 방향을 잘 지킬 수가 있게 됩니다. 이는 업무 완성도에 대한 책임감까지 높이게 됩니다.

'공유'에 대한 이야기를 할 때 빠지지 않는 것이 '정보 공유', '의견 공유'입니다.

다양한 관점의 정보들이 공유되면 의사결정을 내리는데 실수가 적어질 수 있으며, 업무 수행을 위해 참여한 구성원들의 동의를 얻는데도 수월할 수 있습니다. 그렇기 때문에 업무 상황에서는 '정보가 공유되는 것'이 매우 중요합니다. 여기에서 우리가 놓치지 않아야 하는 것은 '정보 공유의 과정'에서 관계의 신뢰를 만들기도 하지만 떨어뜨리기도 한다는 것입니다. 참석자들이 자유롭게 이야기하고 정보를 공유하면서 의견이 합리적으로 조율될 때 신뢰가 만들어집니다. 만약 아이디어 미팅을 위해 참석자들이 준비를 하는데 한 사람의 아이디어만 선택된다는 것을 알게 되면, 회의에 대한 기대감보다는 불편한 마음을 가지게 될 것입니다. 또한 미팅 시간 중에 내가 가지고 있는 정보나 의견을 빨리 버리고 그냥 수용하고 따르겠다는 입장이 되어 공유 자체가 일어나지 않을 수도 있습니다.

기본적으로 공유하는 자리에서는 딱 한 가지를 내놓고 평가받는 상황이 벌어지지 않도록 해야 합니다. 또한 한 가지 의견밖에 없다고 하더라도 편안한 소통 분위기 속에서 수정, 보완이 가능해야 합니다. 더불어 개인에게 불이익이 발생하지 않도록 하는 것도 필요합니다.

목적이나 역할, 과정이 공유된다는 것은 팀이나 조직, 즉 우리의 문제 해결을 위한 원활한 커뮤니케이션이 시작됨을 말합니다.

조직 커뮤니케이션의 기본 태도 Attitude

조직 커뮤니케이션을 위해서는 지켜야 하는 기본 태도가 있습니다. 선배들로부터 '조직생활에서 이것만은 지키자'고 구전으로 내려오는 이야기입니다. 조직 생활에서 지켜야 하는 5가지는 무엇일까요?

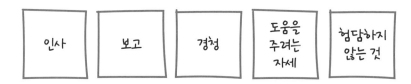

기본 태도 첫 번째는 '인사'입니다.

인사가 인생을 바꾼다는 이야기가 있습니다. 관계의 시작, 해결의 시작은 인사부터라고 해도 과언이 아닙니다. 잘 모르는 사이라고 하더라도 업무 실행을 위해 만났다면 반갑게 인사를 합니다. 서로 인사를 하지 않으면 업무를 진행하는 데 부정적인 영향을 줄 수 있습니다. 인사는 먼저 하는 사람이 주도권을 가지게 됩니다. 그런데 조직에서는 직급이 올라갈수록 인사를 잘 하지 않는 것 같습니다. 소통 세미나에서 '인사'에 대한 이야기를 하면 인사는 아랫사람이 윗사람에게 하는 것이라고 생각하는 경우가 의외로 많습니다. 더 큰 문제는 인사를 하지 않는 리더는 구성원에게 관심이 없다고 해석하는 플레이어가 많다는 것입니다. 직급이나 역할을 떠나 먼저 인사를 하면서 분위기도 부드럽게 만들고 주도권을 가질 수 있으면 좋겠습니다. 후광효과라고 하지요? 겉으로 보이는 모습을 통해 '이 사람은 어떨 것이다'라고 판단하게 됩니다. 이것이 심해지면 고정관념이나 편견으로 연결되기도 합니다. 인사하는 자세나 표정, 인사말까지 자신의 업무 상 행동에 영향을 미친다는 것을 기억해야 합니다.

기본 태도 두 번째는 '보고'입니다.

아이디어는 시작을 만들고, 보고는 결과를 만듭니다. 보고를 잘하면 좋은 평가를 받을 수 있습니다. 여기에서 생각해 볼 것은 보고의 필요성을 개인이 판단하는 것이 아니라, 조직 차원에서 생각해야 하며 사소한 것이라도 수시로 보고하는 것이 중요하다는 것입니다.

'NIH 증후군Not invented here syndrome'이라는 것이 있습니다. 말 그대로 '여기에서 개발한 것이 아니다Not invented here'라는 의미로, 제3자가 개발한 기술이나 성과를 인정하지 않는 배타적인 태도를 말합니다. 이를 역으로 생각하면, 사람들은 자신이 생각해 낸 아이디어를 과대평가 한다는 것입니다. 그것이 정말로 탁월한가를 점검해 보면, 의외로 뭔가 부족한 것을 뒤늦게 알아차리는 경우가 많습니다. 수시 보고를 통해 자신만의 생각에 빠지지 않는 것, 그리고 업무의 완성도를 높이는 것이 중요합니다.

기본 태도 세 번째는 '경청'입니다.

보고를 잘하기 위해 많은 플레이어들은 고민하고 리허설을 합니다. 하지만 듣는 것은 어떤가요? 다들 듣는 것에 대한 중요성을 놓치는 경우가 있습니다. 하지만 제대로 들어야 제대로 일할 수 있습니다. 그래서 '경청'이라고 합니다. 경청은 '상대방의 이야기를 듣는 것'으로 쉽게 할 수 있을 것 같지만, '적극적으로', '공감적으로', '맥락을 이해하면서' 등의 설명이 붙는 것을 보면 쉽지 않아 보입니다. 잘 듣는다는 것은 들으려는 의지와 태도 등이 포함되어 있습니다. 특히나 요즘처럼 디지털 도구 Digital Tools 를 통한 버추얼 virtual 회의가 진행되는 경우에는 잘 듣고 있다는 것을 표현하는 것이 필요합니다.

기본 태도 네 번째는 '도움을 주려는 자세'입니다.

일을 하다가 만나는 파트너 중에서 주변에 도움을 주려는 플레이어들이 있습니다. 참 감사한 분들입니다. 주변에서 도움을 요청할 때도 있지만 요청하지 못하고 혼자 힘들어하는 경우도 있습니다. 주변을 돌아보고 분위기를 감지해서 먼저 도와주려고 해보면 어떨까요? 도와준다는 것은 손발을 활용한 도움도 있고, 생각과 말을 통해서 도와줄 수도 있습니다. 플레이어라면 파트너나 리더에게 도움을 줄 수도 있고, 리더라면 플레이어에게 피드백이나 면담, 조언 등으로 성장 지원을 할 수도 있습니다. 우리는 혼자 일하고 있는 것 같지만 우리의 일을 함께 하고 있습니다. 누군가에게 주는 도움뿐 아니라, 자신을 위한 도움도 발견해야 합니다. 자기 관찰은 자기 성장에 필요한 것을 위해 채우거나 버려야 하는 것을 찾을 수 있도록 도와줍니다.

마지막으로 '험담을 하지 않는 것'입니다.

직장 생활을 하다 보면 불편한 상황들이 있고, 불만이 생길 수 있습니다. 신기하게도 직장에서 파트너들과 친해지는 가장 빠른 방법은 '우리를 힘들게 하는 대상'을 '함께 험담하는 것'입니다. 공통의 적이 생기면서 서로에게 동질감을 느끼기 때문입니다. 하지만 사람들과 함께 험담을 한 이후, 해당하는 플레이어와 업무를 하게 되면 업무 커뮤니케이션에 부정적인 영향을 미치게 될 확률이 높아집니다. 인간은 감정의 동물로, 감정을 수반한 의사결정을 할 수 있기 때문입니다.

조직 커뮤니케이션에서 갖추어야 하는 기본 태도는 신입사원만을 위한 것이 아닙니다. 조직의 구성원이라면 직급이나 연차 상관없이 모두가 지켜야 합니다. 이와 같은 기본 태도를 갖추고 업무 커뮤니케이션을 하는 것이 조직성과에 긍정적인 영향을 미칠 수 있음을 기억해야 합니다.

05

조직 변화의 필수템, 커뮤니케이션

언제 어떤 일이 일어날지를 예측하기 어려운 시대를 뷰카 VUCA 시대라고 합니다. 뷰카 VUCA 는 4차 산업혁명 시대의 세계관으로 변동성 Volatility, 불확실성 Uncertainty, 복잡성 Complexity, 모호성 Ambiguity 의 앞 글자를 따서 조합한 것입니다. 이는 급변하는 경제 상황과 불확실하고 모호한 경영 환경을 뜻합니다. 변화의 속도는 우리도 모르는 사이에 조금씩 스며드는 것이 아니라 성큼성큼 가속도를 내고 있습니다. 조직 외부의 불확실성과 복잡성이 증가하면서 조직에서는 익숙한 구조나 시스템에 변화를 주기 위해 고민합니다. 또한 조직 구성원 모두가 소통의 주체가 되기를 요청하고 있습니다.

조직의 구조

1980년대부터 우리나라 조직들은 유행처럼 '팀제'를 운영하기 시작했습니다. 팀으로 움직인다는 것은 다양한 아이디어의 수용과 빠른 의사결정을 하기 위함입니다. 그러나 '팀' 안에 한국의 위계질서 문화가 접목되어 위계 구조를 만들게 됩니다. 직위가 높은 사람이 의사결정을 하고 위에서 아래로 Top-Down 지시를 하면 아래에서는 그 명령을 수행하는 것을 수직적 구조, 위계 구조라고 합니다. 위계 구조의 장점은 최고 의사결정자의 선택에 따라 일사천리로 빠르게 움직일 수 있다는 것입니다. '변화'도 위에서 Top 지시를 했기 때문에 빠르게 실행방안을 찾고 움직였을 수 있습니다.

조직의 구조가 위계 구조에서 네트워크 구조로 변하고 있습니다. 최근 이슈가 되고 있는 조직 모델은 역할 조직입니다. 조직의 목표를 정하고 위아래가 아닌 각자의 역할에 따라 전문성을 살려 공동 목표에 기여하며 책임을 지는 조직입니다. 역할 조직의 장점은 개인의 능력을 최대한 발휘할 수 있으며 변화에 쉽게 대응할 수 있다는 것입니다.

위계 조직 vs 역할 조직

위계 조직	역할 조직
수직적인 조직	수평적인 조직
직위가 높은 사람의 의사결정	역할에 따른 결정권
빠른 의사결정	변화에 빠른 대응 가능
구성원의 효율적인 업무 수행 요구	구성원의 창의적인 업무 수행 요구
리더–플레이어 간 상호 의존	권한과 책임의 분산
리스크 최소화 중요	개인의 전문성 중요
신입사원 공개 채용	경력직 구성원 채용

우리의 조직은 어떤 구조에 더 가까울까요? 조직마다 다르기는 하겠지만 두 가지가 애매하게 혼용되어 있지는 않은가요?

조직문화와 리더십을 주제로 모 스타트 업의 HR 담당 임원과 미팅을 한 적이 있습니다. 담당 임원은 현재 조직의 모습이 나쁜 것은 아니지만 우려되는 사항들이 눈에 보인다고 하면서, 조직의 설립부터 현재까지의 스토리를 말씀해 주셨습니다. 그 내용을 정리해 보면 다음과 같습니다.

❶ 비전과 기술적인 면에서 마음이 맞는 사람들과 스타트 업 시작

❷ 그 길이 순탄하지는 않았지만 잘 해결해 오면서 조직이 성장

❸ 조직의 규모가 커지면서 경력직원과 신입을 포함한 새로운 조직 구성원 합류

❹ 구성원들이 많아지면서 조직문화의 변화 감지

❺ 조직 차원의 문화 정립과 공유 필요

❻ 조직에서 요구하는 리더의 모습 공유 필요

이제 막 만들어진 작은 규모의 조직은 정보나 의사결정 등 모든 것이 오픈되어 있어서 수평적으로 운영이 가능합니다. 하지만 작은 조직도 규모가 커지게 되면 규제나 관리 시스템이 생기면서 위계 구조의 모습을 드러내게 됩니다. 이 과정에서 갈등이 생기지 않도록 조직 내에서는 원활하게 커뮤니케이션을 해야 합니다. 이때는 담당 플레이어만 믿고 맡기는 것이 아니라 조직 문화 차원으로 공식적인 커뮤니케이션 활동을 해야 합니다.

도형으로 본 조직 구조와 문화

'조직'이라는 단어와 연결되는 도형을 떠올려 보시기 바랍니다. 어떤 도형이 떠오르시나요? 동그라미 원, 삼각형, 사각형, 마름모, 팔각형······. 조직, 소통, 커뮤니케이션과 연결해서 동그라미 Circle 와 삼각형

Triangle 을 말씀드리고자 합니다.

동그라미 Circle

동그라미는 꼭지점이 없고, 시작과 끝이 하나로 이어져 있습니다. 둥근 것은 다른 도형에 비해 마찰이 적기 때문에 가장 적은 에너지로 움직일 수 있습니다. 또한 부드러움과 유연성을 나타냅니다. 그래서 동그라미는 끊임없이 움직이고 변화하며 함께 어울릴 수 있는 세계관을 담고 있습니다. 또 에너지가 사방으로 흩어지지 않고 중심으로 모아지기 때문에 통합과 단결, 순환, 조화, 완전함, 편안함, 모임의 도형입니다.

삼각형 Triangle

삼각형은 뚫고 나가는 모습으로 경계를 넘어 교류하는 것을 표현합니다. 이는 이집트의 피라미드 건축물로 설명되는 경우가 많습니다. 인간이 하늘이나 신과의 연결 소통을 위해 삼각형의 건축물을 만들었다고 해석하는 학자들도 있습니다. 삼각형은 꼭지점 각이 날카롭게 느껴지지만 마법의 숫자 3이 뜻하는 삼위일체, 천지인, 과거 · 현재 · 미래, 3의 법칙과 연결되어 가장 안정적인 도형으로 해석합니다. 무게중심을 잘 잡고 있는 삼각형은 균형, 집중, 안정감, 창조, 완벽함의 도형입니다.

　조직의 탄생은 대부분 동그라미 Circle 로 설명할 수 있습니다[1단계]. 스타트 업의 시작을 보더라도 그들이 해결하고자 하는 문제를 적은 인원 수로 시작하여 서로 소통하고 변화에 유연하게 대처하면서 자신들이

동그라미와 삼각형으로 본 조직 구조와 문화형성

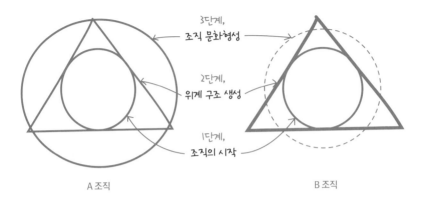

만드는 혹은 시장의 흐름에 맞춰 조화롭게 구르기 시작합니다. 시간이 지나 조직의 방향성이 정립되고 인원수가 많아지면 한 방향에 집중하기 위해 균형을 맞추게 됩니다. 그렇게 조직의 위계 구조가 생기게 됩니다2단계. 위계 구조 안에서 조직의 성장과 변화가 잘 어우러져 3단계의 문화 형성을 위한 원이 크게 만들어 집니다. 즉, 유연한 문화가 만들어 지는 것입니다. 반대로 조직의 성장에만 너무 집중하게 되면 삼각형의 에너지가 너무 강해져서 위계 구조를 더 단단하게 만들 수 있습니다. 이는 3단계 조직 문화 형성을 건강하게 만들지 못하는데 큰 영향을 주게 됩니다3단계. 조직문화 형성 2단계와 3단계에 차이가 생기면서, 2개의 조직은 서로 다른 문화를 가지고 움직이는 조직이 되는 것을 볼 수 있습니다.

대부분의 조직은 수평적인 문화를 추구하지만, 조직의 운영과 관리를 위해 안정적인 삼각형 모델을 선택하는 것을 확인할 수 있습니다.

중요한 것은 수직적이고 위계 있는 구조를 바꾸는 것이 아니라, 수직 구조의 조직에서 수평적 문화를 만드는 것, 유연한 조직문화의 큰 동그라미 Circle 를 만드는 것입니다. 그리고 이는 커뮤니케이션으로 시작하고 유지할 수 있습니다.

위계 조직에서 소통하는 리더가 된다는 것

조직의 구조가 수직적인지 수평적인지를 논하는 것보다 현재의 조직이 원활하게 소통하고 조직과 구성원들이 함께 성장하는 문화를 만드는 것이 더 중요하다는 것을 우리는 알고 있습니다. 조직 문화의 변화는 조직 구성원들이 함께 만드는 것이지만 쉽지 않습니다. 새로운 세대가 조직 내부의 변화를 가져오고 있다고 말하지만, 결국 그들을 리드하는 조직의 리더들이 어떻게 생각하고 의사결정을 내리느냐에 따라 달라집니다. 즉, **변화의 시작은 조직 구조의 아래에 있는 팔로워가 아닌 위에 있는 리더가 솔선수범으로 이끌어 주어야 가능합니다.** 새로운 세대가 바라는 조직의 변화가 일어나지 않으면 그들은 조직을 떠날 수도 있습니다.

리더십 연구 분야의 개척자로 알려져 있는 워렌 베니스 Warren Gamaliel Bennis 는 리더와 관리자의 차이를 이렇게 비교했습니다. 리더는 사람과 미래에, 관리자는 현 상태를 유지하는 것에 초점을 맞추고 있는 것이라고 설명합니다. 리더와 관리자의 차이를 몇 가지로 정리하면 다음과 같습니다.

- 관리자는 일을 올바르게 하고, 리더는 올바른 일을 한다.

- 관리자는 관리를 하지만, 리더는 혁신을 한다.

- 관리자는 유지하지만, 리더는 개발한다.

- 관리자는 시스템과 구조에 초점을 두지만, 리더는 사람들에게 초점을 둔다.

- 관리자는 통제에 의존하지만, 리더는 신뢰를 고취시킨다.

- 관리자는 How와 When을 묻지만, 리더는 Why와 What을 묻는다.

관리자와 리더를 비교해 보면, 리더가 조금 더 미래 지향적이고 좋아 보입니다. 그러나 이제는 더 이상 조직에서 관리자와 리더의 구분은 의미가 없습니다. 공존해야 합니다. 조직을 이끌어야 하는 관리자들은 단순히 관리하는 것에 머물러 있으면 안 됩니다, 변화하는 세상 속에서 생존을 위해 혁신해야 합니다. 또한, 자신은 원하지 않더라도 조직 구성원들의 요구에 맞춰 변해야 합니다. 이것이 수직적 구조에서 수평적 문화를 만들어가는 것 입니다.

진짜 리더는 조직이 안정적으로 운영되도록 관리자의 역할을 기본으로 하면서 미래를 위해 혁신해야 합니다. 그것이 가능하기 위해서는 조직의 구성원들과 소통해야 합니다. 플레이어로 있을 때의 소통 방법을 그대로 사용해서는 조직이 원하는 리더가 될 수 없습니다, 위계가 있는 조직 구조에서 수평적인 문화를 만들고 성과를 내기 위해서는 지시, 통제뿐 아니라 설명하고 설득해야 합니다, 또한, 리더의 커뮤니케이션은 팔로워들이 자연스럽게 체득하게 됨을 기억해야 합니다. 조직에서 구성원을 리딩하는 위치에 있다면 자신의 커뮤니케이션을 점검해 볼 필요가 있습니다.

위계 조직에서 소통하는 팔로워가 된다는 것

조직의 성장을 위해서는 '리더십'이 중요합니다. 그런데 리더십을 발휘하는 리더만 있으면 조직이 성장할 수 있을까요? 팔로워십의 권위자인 로버트 켈리 Robert E. Kelly 교수는 조직의 성과에 기여하는 정도를 리더가 20%, 팔로워가 80%라고 발표합니다. 그리고 조직의 구성원들이 팔로워로서 조직에 기여하는 시간이 훨씬 더 길다고 말합니다. 사실이 그렇습니다.

조직의 구성원 숫자로 보면 리더보다 팔로워가 훨씬 더 많습니다.

"당신은 조직에서 리더인가요? 팔로워인가요?"

팀 구성으로 보았을 때는 팀장이 리더이지만 전체 조직으로 봤을 때는 팔로워일 수 있습니다. 팀 구성원으로 팀원이면서도 회사에서 TF Task Force 팀이 만들어졌을 때는 리더의 역할을 하게 되는 경우도 있습니다.

하버드 대학 케네디 스쿨의 바버라 켈러먼 Barbara Kellerman 은 그의 저서 〈리더십의 종말〉에서 세상을 바꾸는 새로운 리더십이 팔로워십이며 똑똑한 팔로워가 세상을 바꾼다고 말합니다. 그리고 팔로워십이 리더십을 압도할 만큼 강해질 것이라고 예견합니다. 그렇다면, 팔로워십이란 무엇일까요? 로버트 켈리 교수는 '리더와 함께 조직의 목표를 달성하기 위해 비판적인 사고와 능동적 참여로 업무를 수행해 가는 과정'이라고 이야기합니다. '따라야 따르게 할 수 있다'는 말이 있는 것처럼 팔로워십은 리더십의 또 다른 이름입니다. 즉, 팔로워십은 지혜롭게 따르는 능력 아닐까요? 팔로워는 리더의 지시에 절대적으로 복종하는 것이 아니라 윤리성과 헌신의 자세를 가지고 적극적으로 조직의 문제를 해결해 가는 것을 의미합니다.

심리학 연구에 '권위의 법칙'이 있습니다.

인간의 뇌는 무의식적으로 권위에 순응하도록 프로그래밍 되어 있다고 합니다. 권위의 법칙은 1961년 미국의 사회 심리학자 스탠리 밀그램 Stanley Milgram 의 '권위에 대한 복종' 실험을 통해서 확인할 수 있습니다. 밀그램은 사람들이 권위에 굴복하는 이유가 성격보다 상황에 있다고 믿고 설득력 있는 상황이 생기면 아무리 이성적인 사람이라도 윤리적, 도덕적인 규칙을 무시하고 명령에 따라 잔혹한 행위를 저지를 수 있다고 주장했습니다.

우리가 일상생활에서 흔히 볼 수 있는 권위자는 병원에 있는 의사입니다. 의사의 소견에 반박하는 사람은 많지 않습니다. 의사가 가지고 있는 전문지식이 그에게 권위라는 힘을 실어 주기 때문입니다. 병원에서 의사 복장을 하고 있는 사람이 진료실에서 복통이 있는 환자를 맞이합니다. 환자에게 증상을 물어보고 심각한 표정을 한 의사가 환자에게 일어나 보라고 합니다. 그리고 앉았다 일어났다를 몇 회 반복시킵니다. 허리를 숙여 보라고 합니다. 이럴 때 환자는 어떻게 행동할까요? 의사의 지시가 이상하다고 생각하면서도 의사의 말에 따라 행동합니다. 이것이 바로 '권위의 힘'입니다.

조직 내에서 힘 Power 을 가지고 있는 사람의 지시가 항상 옳은 것은 아닙니다. 리더의 지시가 잘못된 것이라 하더라도 팔로워는 수동적으로 움직이는 경우가 있습니다. 위계가 단단하게 갖춰져 있는 조직에서는 이러한 복종의 모습이 자연스럽게 나타납니다. 세상이 많이 바뀌었습니다. 무조건적인 복종은 옳지 않습니다. 조직과 리더가 올바른 방향으로 성숙해지기 위해서는 조직의 팔로워들이 건강한 의식을 가지고 뒷받침해야 합니다. 조직의 성장에 도움이 되는 진짜 팔로워는 조직의 목표 달성을 위해 건강하게 사고하면서 리더에게는 실행에 대한 의지를 표현하고, 파트너들과는 협업을 위한 신뢰의 확신을 심어주기 위해 노력해야 합니다. **기억합니다. 조직의 커뮤니케이션 문화는 리더와 팔로워가 함께 만들어 가는 것입니다.**

언택트 Untact 시대의 디지털 커뮤니케이션 Digital Communication

2020년, 코로나19로 많은 조직들이 갑작스럽게 재택근무를 하게 됩니다. 더불어 전화를 포함한 메신저, 이메일, 라이브 미팅과 같은 매체를 활용한 커뮤니케이션이 이슈가 됩니다.

사실 우리는 코로나19 전에도 Skype나 이메일, 메신저 등을 통해 디지털 커뮤니케이션을 하고 있었습니다. 팀즈 Teams 나 줌 Zoom 이라는 도구가 급하게 만들어진 것이 아니라, 갑자기 활용을 많이 하게 된 것입니다. 예전에는 대면 커뮤니케이션을 통해 내용을 모두 공유한 상황에서 기록과 점검을 위해 간단하게 활용되었다면, 이제는 메인 커뮤니케이션 도구가 되었다고 볼 수 있습니다. 디지털 커뮤니케이션은 맥락을 정확하게 알 수 있도록 표현하되 간결해야 합니다. 또한, 첨부되는 문서는 보기에 좋은 문서가 아닌, 누가 봐도 같은 생각으로 이해할 수 있는 문서가 되어야 합니다.

전자결재나 이메일이 조직 내부의 커뮤니케이션에 활용되고 있지만 여전히 문서를 출력해서 보고하는 일들이 많습니다. 회의에 들어가서도 마찬가지입니다. 노트북이 지급되어 있어도 관련 자료를 출력해서 회의를 진행합니다. 기존의 일하는 방식, 커뮤니케이션 방식을 변화시키기 위해 리더가 솔선수범해야 한다고 하지만 익숙함을 버리기가 쉽지 않습니다. 또한, 알아서 리더들의 눈치를 살피는 팔로워가 문제일 수도 있습니다.

변화하는 환경 속에서 디지털 커뮤니케이션 활용 역시 변화할 것입니다. 어떻게 변화하느냐는 조직문화와 조직의 수용 범위에 따라 달라질 수 있습니다. 지침이나 가이드를 만들지 않으면 혼란을 가지고 올 수도 있습니다. 디지털 커뮤니케이션 가이드에서 어떤 것을 생각해 봐야 할까요?

❶ 디지털 커뮤니케이션 도구의 선택

가장 좋은 도구가 있는 것이 아니라, 상황에 맞는 도구가 있습니다. 목적, 상황, 사람에 따라 좋은 도구가 있는 것입니다. 온라인 라이브 미팅보다 전화가 나을 수도 있습니다. 앞으로는 업무 조율 회의뿐 아니라, 구성원 개개인과의 면담에도 디지털 도구Digital Tools 가 활용될 수 있음을 생각해야 합니다.

❷ 속도보다 정확성

빠른 전달과 회신을 위한 속도 커뮤니케이션에 머무르지 않고, 정확한 커뮤니케이션이 되어야 합니다. 간결하되 정확한 내용 정리, 사실과 의견의 분리, 발생할 수 있는 오해를 예측, 맥락을 고려한 상호 피드백이 필요합니다.

❸ 조직문화의 수용도

조직마다 다르지만, 지금까지는 업무 메신저나 이메일에 이모티콘을 사용하지 않는 암묵적 동의가 있었습니다. 이제는 디지털 도구 안에 감정이 정확하게 전달되는 것도 중요합니다. 표현의 다양성이 존중돼야 하겠지만 단어나 이모티콘, 문장 부호의 사용에 있어서 유연함을 가질 필요가 있습니다. 이것은 조직문화와 연결됩니다.

너무 익숙한 커뮤니케이션 도구 중에 단체 채팅방, 단톡방이 있습니다. 많은 사람에게 한 번에 정보 제공을 하기 위해 단톡방을 사용하는 것은 아주 효율적입니다. 읽었는지 여부도 확인할 수가 있습니다.

- 숫자 1이 모두 사라지면 정말 모두가 다 읽은 것일까요?
- 단톡방에 있는 모든 사람이 같은 생각과 같은 마음으로 읽을까요?

취업포털 인크루트에서 2019년 3월, 성인 835명 직장인 및 구직자 을 대상으로 '단톡방' 사용에 대한 조사를 진행했습니다. 성인남녀 94%는

단톡방 스트레스 여부 (단위:%)

안 받음
17.6

82.4
받음

[자료 | 인크루트·알바콜 참고 | 1개 이상 단톡방 참여자]

단톡방 스트레스 느끼는 상황 (단위:%)

알람이 계속 울릴 때	22.7
답장 요구할 때	13.3
의리로 머물러야 할 때	12.8
친목 도모 부담스러울 때	11.8
나가기 눈치 보일 때	11.4
수시로 업무 지시할 때	10.2

[자료 | 인크루트·알바콜 참고 | 복수응답]

단톡방에 참여 중이고 평균 5.9개인 것으로 결과가 나왔습니다. '친목이나 정보교류' 성격이 26%로 가장 많았으며, 회사 소속팀 및 부서 참여율도 18%를 보였습니다. 우리가 함께 생각해 봐야 할 것은 이들 중 82%가 단톡방 스트레스를 경험한 것으로 드러났으며, 알람이 쉬지 않고 울릴 때, 답장을 기다리거나 요구받을 때 등의 경우에 스트레스를 받는다고 답했다는 것입니다.

단체 채팅방에서 전체에게 말하는 것은 개인의 상황이나 상태에 따라 다르게 해석될 수 있음을 알아야 합니다. 단톡방은 효과보다 효율적인 커뮤니케이션에 초점이 더 맞춰져 있기 때문에 '공식성'이라는 부분이 약해질 수 있습니다.

단톡방에서 내용은 확인한 것 같은데 응답이 없다는 것은 그 해석이 다양합니다. '확인했다 / 확인은 했지만 잘 모르겠다 / 확인했고 따르겠다 / 궁금한 점이 있지만 단톡방에 질문해도 되는지 모르겠다 / 동의하지 않는다' 등의 여러 가지를 내포하고 있습니다. 내용을 전달하는 입장에서 내용 확인이 중요하다면 확인 답변을 요청해야 합니다. 또한, 특정한 사람이 꼭 읽어야 한다고 생각하면 이름을 기록하거나 개인 톡으로 한 번 더 강조해 주는 것이 좋습니다.

단톡방 사용과 관련해서 기존 톡방이 있는데, 다른 방을 자꾸 생성하는 것도 생각해 볼 필요가 있습니다. 내용의 다름으로 인해 대화 대상자에 변화가 있을 수도 있겠지만, 단톡방이 바뀌면 기존 대화 기록이 없어집니다. 새로운 톡방에서 내용을 이해하지 못하는 구성원이 있다면, "기존 단톡방의 내용을 확인하세요."라고 하시겠습니까?

기존 단톡방에 인원을 추가하면서 기존 멤버들에게 이유를 설명하거나 새로운 방을 만들 수 밖에 없다면 새로운 톡방의 목적이나 공지사항 등을 모두가 확인하여 대화가 매끄럽게 진행될 수 있도록 합니다.

리더는 공유라는 의미를 담아 단톡방을 '단순 전달'과 '행동의 강요'를 위해 활용하고 있지는 않은지 생각해 봐야 합니다.

구성원은 내용을 대충 확인하거나 개인적으로 해석, 또는 내용을 왜곡하지 않았는지 자신을 돌아봐야 합니다.

디지털 커뮤니케이션은 손가락에 의존하는 경우가 많습니다.

손가락이 엔터를 치고 후회하지 않게 한 번 더 확인하는 습관이 필요합니다.

✔ 우리 조직의 커뮤니케이션 문화, 고맥락 vs 저맥락

✔ 조직 커뮤니케이션의 5가지 역할

✔ 조직 커뮤니케이션의 영향 요소: 환경(시스템) 요인 & 개인 요인

✔ 업무의 효과와 성과를 올리는 3가지 공유(Share)

✔ 조직 커뮤니케이션의 기본 태도

✔ 도형으로 본 조직 구조와 문화

✔ 위계 조직에서 소통하는 리더 & 팔로워가 된다는 것

✔ 언택트 시대의 디지털 커뮤니케이션

———————————— Reflection note ————————————

THE COMMUNICATION

Connect

연결을 위한
리더의 커뮤니케이션

"모든 직원들이 소통하는 커뮤니케이션 문화"

　조직에서 소통을 활성화하기 위해 전사적으로 조직문화를 선포합니다. 선포식을 하고 포스터를 만들어서 벽에 부착하면, 조직 구성원들이 '우리 조직의 소통 문화를 위해서 커뮤니케이션 역량을 강화하겠습니다.' '긍정적인 소통문화 형성에 기여하겠습니다.'라고 생각할까요?

심리적 안전감과 신뢰

커뮤니케이션이 잘 된다는 것은 한 쪽에서 일방적으로 생각이나 정보를 전달하는 것이 아니라 양방향으로 주고받으면서 소통을 하는 것입니다. 즉, 말하는 사람과 듣는 사람의 적극적인 참여로 만들어지는 것입니다. 조직에서 소통문화 캠페인을 하건 조직의 리더가 소통하자고 말을 하건 간에 그것은 상호 간의 참여가 있어야 가능한 것입니다.

　조직문화가 모든 부서와 구성원들이 의기투합하여 한 번에 바뀌면 좋겠지만 현실은 그렇지 않습니다. 보통은 위에서 아래로, 리더부터 변해야 조직 변화가 시작됩니다. 그런데 리더십 세미나에서 대화를 나누다 보면, 리더의 언행이 조직문화를 변화시키는 데 얼마나 큰 영향을 미치는지 인식하지 못하는 경우를 종종 볼 수 있습니다. 우리가 기억해야 할 것은 조직의 커뮤니케이션 문화는 리더가 분위기를 조성해 주고 팔로워들이 참여하면서 만들어지는 것입니다. 그리고 리더와 팔로워가 조직문화 변화를 위해 좋은 의도를 가지고 참여해야 합니다. 이를 위해서는 개개인들 사이에 '신뢰'가 조성되어야 합니다. 개인 간 신뢰는 '조직 신뢰'로 확산됩니다.

  '조직신뢰'는 신경경제학자 폴 잭 Paul J. Zak 과 세계가 인정하는 최고의 리더십 구루 Guru 인 에이미 에드먼슨 Amy C. Edmondson 의 연구를 결합하면 다음과 같이 정리할 수 있습니다.

* 참고: '신경경제학'은 뇌의 활동을 관찰하고 인간의 의사결정 행동에 대한 이해를 높이고자 하는 연구 분야입니다.

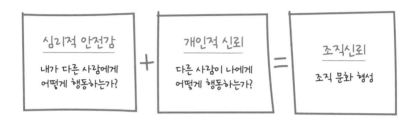

  에이미 에드먼슨 교수는 **심리적 안전감** Psychological Safety 을 '직원들이 업무와 관련해 그 어떠한 말을 하더라도 벌을 받지 않을 것이라 생각할 수 있는 환경'이라고 정의합니다. 심리적 안전감은 '직원들이 자유롭게 커뮤니케이션에 참여하도록 만들며 업무와 관련해 나쁜 소식이나 도움 요청, 혹은 실수를 인정하는 말일지라도 그 어떤 보복이 없을 것이라 믿는 것'이라고 설명합니다. 발표된 연구 결과를 보면 타인과 함께 일하는 것이 안전하다고 느낄 때 직원들의 학습 역량과 업무 실적이 크게 향상된다는 사실을 알 수 있습니다. 또한, 심리적 안전감은 직원들의 업무 몰입도와 업무의 질을 예견하는 지표로 활용될 수 있음을 설명합니다.

  뇌신경 과학에서는 뇌의 신경 전달 물질들이 목적이나 의미, 만족,

신뢰, 공감 등에 밀접한 관련이 있음을 밝혔습니다. 예를 들면 엔돌핀 Endorphin, 세로토닌 Serotonin, 도파민 Dopamine, 옥시토신 Oxytocin 은 행복 호르몬 4종 세트라고 불립니다. 이 중에서 옥시토신은 친밀감을 만드는 호르몬으로, 신뢰 호르몬 혹은 모성애 호르몬으로 불리며 엄마가 아이를 안아줄 때 가장 많이 만들어진다는 연구 결과가 있습니다.

폴 잭 교수는 옥시토신 Oxytocin 이 신뢰를 유도하고, 신뢰는 친사회적 행동으로 참여의 기반이 되며 적극적인 참여는 즐거움을 만들면서 조직의 성과 향상을 가져온다고 발표했습니다.

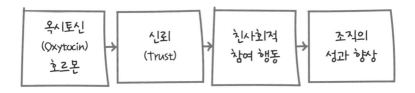

또한, 옥시토신 호르몬의 생성과 조직의 성과를 연계한 연구를 통해 리더가 구성원을 포용할 수 있는 행동을 '옥시토신 모델'로 제시, 신뢰를 높이는 리더의 행동 가이드를 발표했습니다.

현재 조직에서 리더라면, 구성원들과 신뢰를 형성하기 위해서 어떻게 하고 있는지, 어떻게 해야 하는지 확인해 보겠습니다. 그리고 현재 리더가 아니더라도, 파트너 간의 친밀감 형성에 도움을 얻을 수 있기를 바랍니다.

조직 커뮤니케이션은 시스템과 전체 구성원의 참여로 활성화될 수 있습니다.

옥시토신과 리더의 행동

OXYTOCIN	리더의 행동	체크
Ovation	성과를 인정하고 함께 축하해 줄 수 있는 분위기를 만든다.	
eXpectation	구체적인 목표를 설정하고 도전을 유도한다.	
Yield	일에 대한 자율성을 부여한다.	
Transfer	동료들과 함께 일하며 그들에게 에너지와 도움을 준다.	
Openness	투명하게 의사를 결정하며 솔직하게 커뮤니케이션 한다.	
Caring	다른 사람의 감정을 이해하고 나의 감정을 표현한다.	
Invest	성장가능성을 보고 지원한다.	
Natural	기꺼이 도움을 요청한다.	

그리고 그 중심에는 리더가 있습니다. 리더의 역할 Role 을 하고 있다면, 구성원들이 참여하는 커뮤니케이션 문화를 만들기 위해 지속적으로 관심을 가지고 점검해야 합니다. 본 장에서는 리더의 '역할'과 '참여 유도'를 중심으로 다양한 상황을 살펴보겠습니다.

기회:
스피크 업^{Speak Up} 분위기를 만들라고?

"타인을 만족시키는 가장 탁월한 방법은 그들의 말을 경청하는 것이다. 말하고 명령하는 것이 지난 세기의 방법이었다면, 귀 기울여 경청하는 것은 21세기의 방법이라 할 수 있다." 미국 경영학의 대가인 톰 피터스^{Thomas J. Peters} 의 말입니다. 그만큼 리더십에서 경청이 중요하다는 것을 확인할 수 있습니다.

　정보의 홍수라고 하죠? 우리가 일하는 세상은 정보가 넘칩니다. 조직에서 리딩하는 역할을 하는 사람이라면 많은 정보를 알아야 하는데, 모든 정보를 혼자 알아내기에는 한계가 있습니다. 그리고 한 사람의 관점으로만 정보를 수집하다 보면 정보나 해석을 함에 있어 치우침 현상이 나타날 수 있습니다. 이러한 문제를 미연에 방지하기 위해서는 같은 목적을 가진 플레이어들이 수시로 다양한 정보를 수집, 공유할 수 있도록 분위기를 조성해야 합니다.

　MZ세대 ^{밀레니얼 세대+Z세대} 는 양질의 정보를 검색할 수 있는 탁월한 능력이 있습니다. 미디어 기업 Awesomeness와 설문조사 기관인 Trendara가 수행한 한 연구조사에 따르면, Z세대는 가장 다양하고 가장 다문화적인 세대라고 말합니다. 밀레니얼 세대보다 소셜미디어에 더 가까운 Z세대는 사회적 이슈에 대해 친구나 동료들과 소통을 많이 합니다. Z세대는 세계와 잘 연결되어 있으며, 그 사이에는 많은 실시간

뉴스가 흐르고 있습니다. 정보를 지혜로 만드는 것은 리더가 도와줄 수 있지만, 다양한 정보를 수집하고 공유하는 것은 플레이어들의 능력입니다.

말할 수 있는 기회 만들어주기

양질의 커뮤니케이션을 위해 리더가 가장 먼저 해야 하는 것은 '플레이어가 편하게 말을 할 수 있는 분위기를 조성'하는 것입니다. 즉, 리더가 부르기 전에 플레이어가 먼저 다가와 말할 수 있는 분위기를 만드는 것입니다. 그래서 지금 시대에 리더에게 요청되는 것은 '접근하기 쉬운 리더'가 되는 것입니다.

'접근성 Approach '이라고 합니다. 팀장을 대상으로 소통 세미나를 할 때 '접근성 Approach '에 대한 질문을 합니다.

"여러분은 접근하기 쉬운 리더입니까?"

즉답이 나오기보다 잠시 멈칫하는 분위기가 더 많지 않았나 싶습니다. 그리고 다시 질문으로 답을 주기도 합니다.

"접근하기 쉬운 리더가 되라는 것입니까?"

"의미는 알겠지만 접근하기 쉬우면 팀원들이 너무 자주 찾아옵니다. 그러면 제 일은 언제 하나요?"

이런 질문을 주시면, 첫 번째 질문에 대한 저의 답변은 주저 없이 "네"입니다. 두 번째 질문에는 "접근이 가능하다고 해서 구성원들이 필요할 때마다 수시로 찾아오고, 그때마다 일을 중단해야 한다는 것은 아닙니다."라고 말씀을 드립니다. 그리고 실무 리더의 경우, 리더 개인의 업무도 잘해야 하지만, 조직 구성원들이 더 큰 성과를 만들 수 있게 하는 것 역시 중요합니다.

조직마다 다를 수 있지만, 리더가 되면 자리 배치도 달라집니다. 일반적으로 리더의 업무 자리는 플레이어의 자리와 떨어져 있는 경우가 많습니다. 오픈형 사무실^{변동 좌석제} 구조에서 모두가 원하는 자리에 앉을 수 있다고 해도 리더와 가까운 자리는 피하려고 하는 플레이어가 생각보다 많습니다. 그만큼 리더와 플레이어 간에는 보이지 않는 심리적 거리가 존재합니다.

'다가가기 쉽다'는 것이 '좋아한다', '편하다'의 개념은 아닙니다. 좋은 소식이든 나쁜 소식이든 플레이어가 언제든 리더에게 이야기할 수 있다는 것을 의미합니다. 접근성이 높으면 사소한 문제들도 사전에 파악할 수 있으며 문제가 발생했을 때 최악의 상황으로 가기 전 해결할 수 있습니다.

어떻게 '접근성'을 높일 수 있을까?

조직의 구성원, 즉 팔로워들을 대상으로 한 소통 세미나에서 '리더에 대한 접근성' 이슈로 고민한 적이 있습니다. 이렇게 물었습니다.

"어떤 리더에게 먼저 다가가고 싶은가요?"

- 표정이 편안하고 잘 웃는 리더
- 함께 문제를 해결할 수 있다고 말해주는 리더
- 반말하지 않는 리더

- 팀원 모두에게 공정한 리더

- "야"가 아닌, 이름을 불러주는 리더

- 나쁜 소식이라 하더라도 과민반응하지 않고 침착하게 듣는 리더

- 먼저 다가갔을 때 불편한 기색을 보이지 않는 리더

- 실패의 경험을 배움의 기회로 해석해서 말해주는 리더

- 감정 기복이 심하지 않은 리더

- 내 말을 믿어주는 리더

- 메신저 톡 상담에도 귀 기울여 집중해 주는 리더

- 사생활을 지켜주려고 하면서 적당한 관심을 표현해 주는 리더

여기에 나온 이야기가 정답이라고 말씀드리기는 어렵습니다. 그러나 리더의 역할을 수행하는 분들에게는 자신의 모습을 돌아보는데 활용할 수 있을 것 같아 공유합니다.

간혹, 리더들은 이렇게 말합니다.

"편하게 말하세요."

회의 시간이나 개별 면담 시간에 이 말을 들으면 편하게 말할 수 있나요? 리더의 이 '말' 자체가 불편하다고 말하는 플레이어가 많습니다. 편하게 말하라는 것은 오히려 지금의 상황이 편하지 않음을 역설적으로 표현하는 것이 아닐까 생각해 봅니다.

말할 수 있는 기회를 주기 위해 갑자기 부르는 경우도 있습니다.

"대화 좀 할까요?"

이 말 역시, 듣는 사람에게는 불편함을 만듭니다. 듣는 사람은 마음

속으로 무슨 생각을 할까요?

'갑자기 무슨 일이지?', '뭐 잘못한 것이 있나?', '지금 바쁜데…….'

특별한 목적이 있다면, 커뮤니케이션 이유를 미리 밝히는 것이 좋습니다.

"업무 A의 진행사항 때문에 얘기 좀 했으면 하는데, 시간 어때요?"

더 좋은 것은,

"업무 A의 진행사항 점검을 했으면 하는데, 30분 뒤에 가능할까요?"

"업무 A의 진행사항을 같이 확인했으면 하는데 ○○시에 볼까요?"

목적을 미리 밝히면, 부름을 받는 구성원으로 하여금 커뮤니케이션을 준비하고 대응할 수 있도록 해 줘야 합니다. 이것은 조직 플레이어에 대한 존중입니다.

리더가 시간이 있다고 갑자기 부르는 것은 상대를 존중하지 않는 마음의 표현이며, 긴장감을 증폭시키는 것이 됩니다. 리더는 플레이어에게 보고 내용을 점검하고 정비할 수 있는 시간을 주면서 말할 기회를 제공해야 합니다.

스피크 업 Speak up 문화

'**스피크 업**Speak up'이라는 말이 있습니다. 자신이 느끼는 감정이나 의견을 솔직히, 그리고 공개적으로 표현한다는 뜻입니다. 다시 말해, '**자신의 생각을 당당하게 말하라**'는 것입니다. 조직들이 변화, 혁신을 위해 스피크 업에 관심을 갖게 되면서 조직 내 '스피크 업 Speak up ' 문화 조성에 대한 이슈도 커지고 있습니다. 이미 느끼신 분도 있겠지만, "말하라! 목소리를 내라!"라고 말한다고 해서 플레이어가 말하는 것은 아닙니다. 무엇이든 언제든지 말할 수 있도록 분위기를 조성하고, 실패에 대한 수용성을 가지고 있어야 합니다.

회의를 하다 보면, 좋은 아이디어가 나옵니다. 좋은 아이디어가 나오면 실행은 누가 하게 되나요? 조직 내 업무 배분에 의해 합리적으로 진행되면 좋겠지만, 말한 사람이 실행하고 책임까지 지는 상황이 많이 벌어집니다. 물론, 아이디어를 낸 사람이 실행 의지가 강하면 모르겠지만, 자신도 잘 모르는 상황에서 나온 아이디어일 수도 있기 때문에 실행에 대한 합의는 다시 해야 합니다. 아이디어를 제시한 사람이 무조건 실행해야 하는 상황이 반복된다면 구성원들은 말하지 않고 지시에만 움직이는 수동적인 태도에 머무르게 될 수도 있습니다.

'접근Approach 하기 쉽다'는 '표현하기 쉽다'로 정리할 수 있습니다. 업무 현장에서는 좋은 일도, 나쁜 일도 있습니다. 중요한 것은 조직의 리더라면 알고 있어야 한다는 것입니다. 그러기 위해서는 들어야 합니다. 제대로 잘 듣는 것도 중요하지만 우선 들을 수 있도록 분위기를 조성하는 것, 플레이어에게 말할 수 있도록 기회를 주는 것이 필요합니다.

공간:
커뮤니케이션 공간이 중요하다고?

조직 안에는 커뮤니케이션을 하는 다양한 '공간'이 있습니다. 가장 많이 활용하는 곳은 자신의 업무에 집중하기 위한 플레이어 개인의 업무 공간입니다. 또한 구성원들과 새로운 아이디어를 모으거나 의견을 조율할 때 이용하는 회의 공간이나 적절한 휴식이나 소통을 통해 친밀감을 만드는 휴게 공간 등이 있습니다.

리더는 플레이어와 개별 면담을 할 때 자신의 개인 공간이 아닌 별도의 공간을 활용하게 됩니다. 물론 리더 자리에서 면담을 하는 경우도 있지만 이는 지양해야 합니다. 리더의 개인 업무 공간은 '리더의 권위'가 있는 곳입니다. 이로 인해 커뮤니케이션이 불편하게 진행될 수 있기 때문에 커뮤니케이션의 목적에 따라 다른 공간을 활용하시기를 추천합니다. 이미 세팅되어 있는 회의실이나 면담 공간의 구조는 바꿀 수 없더라도 공간을 어떻게 활용하느냐에 따라 커뮤니케이션의 질 Quality 적인 면에 영향을 줄 수 있음을 알아야 합니다.

업무 공간의 중요성

미국 워싱턴대학교 경영대학원 앤드류 나이트 Andrew Knight 교수는 공간 활용에 대한 연구를 통해 "조직이나 단체는 사무공간을 디자인할 때, 서서 일할 수 있는 환경을 마련해야 한다"라고 했습니다. 연구팀은 실험 참가자들을 두 그룹으로 나누고, 30분간 팀원들과 회의를 하고 영상을 만드는 미션을 수행하게 됩니다. 한 그룹은 테이블과 의자가 있는 곳에서 회의를 진행하고, 또 한 그룹은 의자가 전혀 없는 곳에서 회의를 합니다. 연구팀은 실험 참가자들의 생리학적 자극을 측정할 수 있는 센서를 달아 그들이 얼마나 회의에 흥미를 느끼고 있는지를 측정했습니다. 그리고 영상 제작 미션을 끝낸 뒤, 팀원들의 협업 정도와 미션 결과물을 평가합니다. 그 결과, 서서 회의를 한 그룹의 구성원들이 더 많은 생리학적 자극을 받았고 보다 적극적으로 자신의 의견을 공유하며 토론을 벌이는 경향을 보였다고 발표합니다.

나이트 교수는 "조직 구성원들의 물리적인 공간을 바꿔주는 것만으로도 업무 능력이 향상되고, 팀 워크가 개선되는지 확인할 수 있다"라고 말하면서, "의자를 일부 제거하고 브레인스토밍 Brainstorming 과 공동 연구를 독려할 수 있는 화이트보드를 적극 활용하라"라고 조언합니다.

우리 조직의 회의 공간은 어떤가요?
어떤 구조이며, 어떻게 활용되고 있나요?
리더의 자리와 플레이어의 자리가 정해져 있나요?
공간 활용 및 자리 배치의 기준은 무엇인가요?

비즈니스 매너에는 '자리의 상석'이 있습니다. 그러나 '매너'라는 것이 무조건 지켜야 하는 규칙은 아니기 때문에 상황이나 상대에 따라 달라지기도 합니다.

새로운 조직에 합류하게 되었을 때 일입니다.

회의실에서 팀 전체 회의가 있었고 테이블 위에는 회의 자료가 세팅되어 있었습니다. 출력된 자료를 보면서 리더와 중간관리자, 신입사원의 자리 등을 예상할 수 있었습니다. 그런데 회의가 시작되자 리더가 예상했던 자리가 아닌 회의실 뒤쪽에 있는 여분의 의자에 앉는 것을 보고 놀란 적이 있습니다. 그 상황이 너무 신기하여 따로 개인적인 자리에서 물어본 적이 있습니다. 그때 들었던 답변입니다.

"그 회의의 주체는 내가 아니라 팀원들입니다. 그들의 생각이 중요했기 때문에 회의의 중심이 되는 사람들이 그 공간을 충분히 활용해야 한다고 생각합니다."

그 뒤로도 다양한 회의 자리에서 리더는 자신의 고정된 자리가 아닌 자신이 있어야 하는 자리에 앉는 것을 확인할 수 있었습니다. 서서 회의를 하건 앉아서 회의를 하건 그 회의의 목적을 정확하게 알면 공간의 활용, 자리 배치를 효과적으로 할 수 있습니다.

공간의 활용

하버드 비즈니스 스쿨Harvard Business School, HBS 에서도 창의적인 아이디어가 나오는 공간을 위한 제안을 했습니다. '창의적 아이디어'라는 단어의 부담감을 내려놓고 '발전적인 생각의 교환이 가능한 공간'을 생각해 보겠습니다.

첫 번째 제안은 '사람들이 자주 마주치는 장소를 활용하라'입니다.

생각을 자극하는 방법에는 계속 몰입하여 집중하는 것도 있지만 새로운 장소에서 사람들과 교류하면서 경험을 하는 방법도 있습니다. 그리스의 철학자이자 수학자, 물리학자인 아르키메데스 Archimedes 가 시러큐스 왕 히에로 2세 Hiero II 로부터 금관이 순금으로 제작된 것인지 알아내라는 명령을 받고 고민을 하다가 목욕탕에서 유레카 Eureka 를 외쳤다고 하는 유명한 일화가 있습니다. 실제로 다른 부서의 사람들과 이야기를 하다가 혹은 휴게공간에서 이야기를 하다가 '유레카 Eureka '를 외치기도 합니다.

소통 세미나에 참석하신 분이 공유해 주신 '업무 공간 경험'을 소개합니다.

"제가 기획 보고를 해야 하는데 아무리 생각해도 진도가 잘 안 나갔던 적이 있습니다. 팀장님이 그 모습을 보시고는 나가서 지하철을 타고 한 바퀴 돌아보고 오라고 하시더군요. 저에게 1시간의 시간을 주셨습니다. 뜬금없이 무슨 일인가 하는 마음으로 지하철에 올랐던 기억이 있습니다. 그런데 이게 좀 놀라웠던 경험입니다. 실제로 책상 앞에서는 정보를 검색하고 자료를 찾느라 생각 정리가 어려웠는데, 막상 지하철에서는 멍하니 앉아있기만 했는데 생각이 정리됐습니다. 책상 앞을 떠날 필요가 있다는 것을 그때 알았습니다. 자리에 돌아와서 집중해서 보고서를 작성했죠."

공간을 새롭게 만드는 것보다 주어진 공간들을 어떻게 활용하느냐가 더 중요합니다. 플레이어 스스로가 업무를 잘하기 위해 공간을 조성, 활용하겠지만 리더가 변화를 주거나 몰입을 할 수 있는 공간을 제시해 주는 것은 큰 힘이 됩니다.

두 번째 제안은 '화이트보드를 활용하라'입니다.

회의 공간에 화이트보드가 설치되어 있는 경우가 많습니다. 화이트보드를 이용한다는 것은 회의 도중 누구든 볼 수 있게 메모하는 것입니다. 물론 회의 중에는 개인적으로 기록을 합니다. 노트에 개별적으로 기록을 하면 텍스트로 적는 것을 자주 볼 수 있습니다. 화이트보드에 기록할 때는 어떨까요? 텍스트보다는 도식화하는 것을 자주 보게 됩니다. 자신도 모르게 이미지화, 연상기법으로 메모를 하는데, 이는 기억하는 데 도움이 됩니다. 화이트보드에 기록하게 되면 각자의 업무 공간에서 같은 이미지를 가지고 일하는 데 큰 도움이 되는 것입니다.

그렇다면, 항상 화이트보드를 사용해야 할까요? 그렇지 않습니다. 단순한 보고를 위한 자리에서는 화이트보드가 사용될 확률이 낮습니다. 그러나 이러한 보고 회의는 생각의 발산과 수렴을 하는 진짜 회의가 아닐 가능성도 큽니다.

세 번째 제안은 '일주일에 한 번쯤 야외로 나가서 도시락 점심을 먹어라'입니다.

중요한 것은 도시락을 먹는 것이 아니라 의도적으로 분위기를 환기시키라는 것입니다. 공간의 변혁이 필요할 때가 있습니다. 건물 안에서 생각하는 것과 건물 밖으로 나가서 하늘을 보며 생각하는 것에는 분명히 차이가 있습니다. 생각의 사이즈를 키우기 위해서는 건물 밖이 도움이 될 수 있습니다. 실제로 직장인들이 건물 밖에서 점심을 먹고

들어오는 산책길에서 나눈 업무 커뮤니케이션에서 도움을 받는 경우
도 많이 볼 수 있습니다.

추가적 제안은 '1대1 면담 공간의 활용'입니다.

면담 공간은 편안함이 있어야 합니다. 이를 위해서는 물리적 거리
가 필요합니다. 너무 가까우면 부담을 느끼고, 너무 멀면 집중하기가
어렵기 때문입니다.

면담 공간의 테이블 활용

2명이 커뮤니케이션을 하게 되면 A나 B처럼 서로 마주 보고 앉는
경우가 많습니다. A처럼 정면으로 앉은 두 사람은 무엇을 느끼게 될까
요? 정면으로 마주 보고 앉는 자리 배치는 심리학적으로 좋지 않다고
합니다. 시선을 정면으로 교환하게 되면서 긴장감을 높이게 되고 상대
에 따라 압박감을 크게 느낄 수도 있기 때문입니다. A처럼 정면으로 마
주 보고 앉는 것은 계약을 할 때와 같은 공식적인 분위기에 적합함을
말씀드립니다. 또한, B처럼 테이블이 너무 길거나 크면 경계심이 일어
난다고 합니다.

가장 좋은 위치는 C와 같은 L자형입니다. 두 사람이 90도 위치에

앉거나, 정면으로 앉을 수밖에 없는 구조라면 리더가 몸을 약간 틀어서 L자 모양의 느낌이 나도록 앉는 것입니다. 이러한 좌석 배치는 공식적인 혹은 개인적인 자리 모두에서 활용될 수 있으며, 상대방의 눈을 직접적으로 보지 않으면서도 심리적 거리를 확보할 수 있기 때문에 편안함을 느낄 수 있다는 연구 결과가 있습니다. 실제로 상담을 위한 공간은 대부분 이러한 구조로 가구가 세팅되어 있습니다.

상대방과 정말 친해지고 싶다면 D처럼 옆으로 나란히 앉는 것이 도움이 됩니다. 시선을 마주치지 않아도 되기 때문에 고민을 털어놓는 데도 적합하다고 합니다. 그러나 업무 현장이나 밀폐된 공간에서는 나란히 앉는 것을 조심스럽게 생각해야 합니다. 리더 입장에서는 친하다고 생각해서 앉았지만 구성원이 불편해할 수 있기 때문입니다.

한 가지 팁을 더 드리자면, 리더가 창을 등지고 앉았을 때 창으로 빛이 들어오면 리더에게 후광이 만들어질 수 있습니다. 리더는 의도하지 않았지만, 그 빛이 리더의 권위와 함께 시너지를 만들면서 구성원에게는 무언의 압박감을 일으킬 수도 있습니다.

공간이 생각을 만듭니다. 사람들은 목적에 따라 무의식적으로 특정한 공간을 찾습니다. 오픈된 공간을 찾기도 하고 때로는 폐쇄되고 조용한 공간을 찾기도 합니다. 조직 안에서도 마찬가지입니다. 리더는 회의의 목적과 구성원들의 의견 수렴 등에 따라 공간을 확보하고 활용해야 합니다. 리더가 먼저 보여주면 플레이어도 공간의 활용을 배울 수 있습니다.

지시:
"네?"를 부르는 지시? "네!"를 부르는 지시!

대한상공회의소에서 2018년 10월, 직장인 4,000명을 대상으로 '업무 방식 실태 조사'를 진행했습니다. 결과 중 흥미로운 부분은 리더의 업무 방향성과 지시 명확성의 점수가 상당히 낮다는 점입니다.

한국 직장인 업무 방식

업무 방식 종합 점수	45점
업무 방향성	30점
지시 명확성	39점
추진 자율성	37점
과정 효율성	45점

[자료 | 대한상의]

또한 업무 방식에 대해 떠오르는 단어로는 '비효율', '삽질', '노비', '위계질서' 등의 부정적인 단어가 86%를 차지했고, '합리적', '열정', '체계적'과 같은 긍정적인 단어는 14%가 나왔습니다. 업무 과정이 비합리적인 이유는 '원래부터 의미 없는 업무 50.9%'라는 응답이 가장 많았으며, 전략적 판단 없는 '하고 보자'식 추진 관행 47.5%, 의전 · 겉치레에 과도하게 신경 42.2%, 현장 실태를 모른 체 탑다운 Top-Down 전략 수립

41.8% 등의 순으로 나온 것을 확인할 수 있습니다.

"네?", "네!"라고 대답하는 이유

"알겠지?"

리더가 업무를 지시하는 경우에 많이 사용하는 말입니다. 구성원의 답변은 보통 어떻게 나올까요? 일반적으로 "네, 알겠습니다."라고 리더가 바라는 답이 나옵니다. 리더의 업무 지시가 부른 "네"라는 답변을 긍정과 부정의 의미로 나누어 살펴보겠습니다.

먼저, 부정적인 의미가 담긴 "네?"입니다. 구성원들의 "네?" 뒤에는 무엇이 있을까요?

'아니요. 다시 설명해 주셨으면 좋겠는데……'

'어떻게 하라는 거지?'

'갑자기 왜? 꼭 해야 하는 건가?'라는 생각들이 구성원들 마음속에 자리 잡고 있을 수도 있습니다. 이러한 생각을 가지고 있는 구성원들이 "네"라고 대답하는 것에는 여러가지 이유가 있습니다.

첫 번째는 '놀라서'입니다.

우선은 갑자기 지시하니까 엉겁결에 대답합니다. 그리고 자리로 돌아가 다른 업무와의 일정 등을 확인하면서 대답을 후회합니다.

두 번째는 '권위의 복종'입니다.

리더가 가지고 있는 권위에 눌려서 혹은 리더의 말이기 때문에 무조건 수용한다거나 부정적 피드백에 대한 두려움 때문에 대답합니다.

세 번째는 '일상적 의무감'입니다.

이런 일은 비일비재하다고 생각하면서 그냥 수동적인 자세로 움직이는 것입니다.

네 번째는 '권력에 대한 욕구'입니다.

일을 통해 성장하는 욕구와는 다릅니다. 권력 욕구 기반의 "네"는 개인적인 힘 Power 의 크기를 확장 시키려는 것입니다. 이러한 "네" 뒤에는 업무가 진행되는 과정의 불편함, 도덕성 등에 문제가 발생할 수도 있으며, 결과가 좋게 나온다고 하더라도 지속적인 선순환 구조를 기대하기 어렵습니다.

그렇다면 긍정적인 의미가 담긴 "네!" 뒤에는 무엇이 있을까요?

리더에 대한 신뢰, 명확한 업무지시, 업무를 주도적으로 진행할 수 있는 권한, 자신의 생각을 반영시킬 수 있는 능력과 시간 등이 있지 않을까요?

구성원의 "네!" 를 위해 조직의 리더는 어떻게 하면 좋을까?

첫째, 리더는 '구성원이 나와 생각이 다를 수 있다'는 것을 생각해야 합니다. 리더들은 구성원들과 이심전심 以心傳心 을 꿈꾸지만 동상이몽 同床異夢 이 될 확률이 높기 때문입니다.

둘째, 리더가 원하는 결과 이미지를 명확하게 설명해야 합니다. 그러기 위해서는 리더 본인도 무엇을 원하는지 잘 알고 있어야 합니다. 무턱대고 '고객이 원하니까', '위에서 하라고 하니까'의 지시는 안 됩니다. 업무지시를 할 때 '왜 이 일을 해야 하는지'와 '구체적인 방향', 그리고 '전체적인 업무의 흐름', '업무의 범위', '기대사항' 등을 반드시 제시해야 합니다.

'아~ 이것을 해야 하는 것이구나.'라는 생각이 들면 구성원들은 흔

쾌히 "네"라고 답할 수 있습니다. 혹여 그 업무가 어려운 것이라 하더라도 리더와 동일한 이미지를 그리고 있다는 확신만 있으면 실행을 할 수 있게 되는 것입니다. 약간의 도전적인 업무는 구성원이 성장하는 데 도움이 됩니다.

셋째, 필요한 경우 권한까지 위임해야 합니다. 권한 위임을 하지 않으면, 리더가 세부사항까지 챙겨야 하는 상황이 벌어집니다. 리더가 해야 하는 일과 플레이어가 하는 일을 분리시키기 위해서는 권한위임은 필수입니다. 또한, 상황에 따라서 권한의 범위까지 조정할 수 있어야 합니다.

넷째, 지시 사항은 한 번에 하나씩, 일관성이 있어야 합니다. 한꺼번에 이것저것 지시를 하게 되면 업무지시에 대한 혼란을 느끼게 되고 업무의 우선순위 결정에 혼란을 가져다줍니다. 이는 구성원의 혼란 뿐 아니라 지시하는 리더의 의사결정에도 영향을 주게 됩니다.

다섯째, 업무지시 시점을 확인해야 합니다. 금요일 오후나 퇴근 시간 이후에 하는 업무지시는 리더 자신에게도 마음의 불편함이 있을 것입니다. 아무리 급하더라도 적절한 업무지시 시점을 고려해야 하며, 부득이한 경우에는 구성원에게 충분한 상황 설명을 해야 합니다.

여섯째, 업무지시의 마지막에는 질문을 합니다. 단순한 "알겠지?"가 아니라, 궁금하거나 이해가 안 되는 부분이 있는지를 확인하는 것입니다. 또한 업무와 관련해서 추가적으로 질문을 해도 된다는 여지도 남겨 놓습니다.

리더는 책임지는 자리입니다. 책임을 지기 위해서는 정확하게 알고 있어야 합니다. 정확하게 알고 있다는 것은 균형있는 업무 배분과 명확한 업무지시로 연결됩니다.

리더의 업무지시 태도, 이유, 시점, 방법들로 구성원들의 "네?"는 "네!"로 바뀔 수 있습니다.

조언:
잔소리 말고 조언하기

"흙이 너무 마르면 흙이 물을 무서워하게 되고 잘 흡수하지 못해요. 아니, 전혀 흡수하지 못해요."

정신적 외상 치유 분야의 세계적 권위자, 로라 판 더 누트 립스키 Laura van Dernoot Lipsky 가 조경사에게 들은 말이라고 합니다. '흙'에게 '물'은 좋은 토양이 되는 기본 에너지입니다. 건조하고 갈라진 토양이 다시 건강하고 촉촉해지기 위해서는 평소보다 더 많은 비가 내려야 합니다.

조언 가뭄

리더가 플레이어에게, 선배가 후배에게 하는 조언도 마찬가지입니다. 정기적으로 혹은 수시로 비를 내려 주듯이 해야 하는데, '조언 가뭄'이 발생하면 시간이 지나 좋은 이야기를 해준다고 해도 플레이어에게 흡수되지 못하는 상황이 벌어질 수 있습니다. 구성원의 갈라진 마음을 회복하는 데는 시간도 많이 걸리지만 '쩌억!' 하고 갈라진 마음으로 조직을 떠날 수도 있는 것입니다.

파트너가 문제를 잘 해결할 수 있도록 도와주는 것이 조언입니다. 훌륭한 조언은 올바른 결정을 내리게 합니다. 잘못된 조언은 상대에게 상처만 줄 수 있습니다. 자신의 의견이나 경험을 다른 사람에게 전달, 조언하려면 섬세한 준비가 필요합니다.

조직에서 '조언을 한다'는 것은 어떤 상황일까요? 일반적인 경우는 리더가 구성원에게 조언을 합니다. 리더 입장에서는 긍정적인 의도를 가지고 조언을 하지만 구성원의 입장에서는 리더의 좋은 의도를 받아들이지 못할 수도 있습니다. 이런 경우에는 리더의 조언이 구성원에게 한 귀로 들어갔다가 한 귀로 흘러 나갈 수도 있습니다.

반복된 조언이 잔소리로 변형되기도 합니다. 리더가 잔소리를 하는 것은 '잘 되라는 마음의 가르침'입니다. 그러나 잔소리를 가르침으로 받는 사람은 없습니다. 그리고 그렇게 말하는 리더는 자신의 말이 '잔소리'라고 생각하지 않습니다. 주는 사람은 잔소리가 아니지만 받는 사람이 잔소리로 느낀다면 그 말은 하지 않는 것이 좋습니다. 그러나 쉽지 않습니다. 잔소리를 하지 않는 것은 '의지'가 있어야 합니다. 리더는 플레이어에게 말을 하기 전, 자신에게 질문해야 합니다. '이것은 잔소리인가? 조언인가?'

어떻게 조언해야 할까?

조언은 성과나 태도가 기대에 미치지 못할 경우, 리더가 구성원에게 하는 것이라고 생각하는 경우가 많습니다. 리더가 하는 '조언의 범위'는 더 커져야 합니다.

리더의 조언 범위를 크게 보았을 때, 첫 번째 대상은 '일을 잘하고 있는 구성원'입니다. 리더의 기대만큼 혹은 그 이상으로 잘하고 있는 구성원에게 '자율성 부여'를 이유로 조언을 하지 않는 경우가 의외로 많습니다. 리더가 하는 가장 흔한 실수가 최고의 성과를 올리는 직원에게 관심을 기울이지 않는 것입니다. 잘하고 있기 때문에 하지 않아도 된다고 생각하지만, 사실 잘하고 있는 구성원들이 지치지 않도록 관심을 가지고 조언하는 것은 매우 중요합니다.

새로운 조직에서 일을 하게 된 플레이어의 경험을 통해 살펴보겠습니다.

경력직 플레이어는 자신이 새로운 조직에서 일을 잘하고 있는지 궁금해서 팀장에게 면담을 요청했습니다. 팀장은 웃으면서 말하길, "잘하고 있는데, 뭐가 문제지?" 면담 요청을 했던 플레이어는 '잘하고 있는 것이 확인되었지만 씁쓸했다'라고 이야기를 했습니다.

이러한 상황에서 리더에게 필요한 것은 무엇이었을까요?

리더의 입장에서 무엇을 잘하고 있는지 리더의 관점에서 알려주고, 응원하는 지지의 조언이 있었다면 좋지 않았을까요? 더불어 지원 의지를 알려주는 것입니다. 리더가 언제든지 도와주겠다고 말하는 것은 소통의 가능성을 열어 두는 것입니다. 더불어 잘하고 있는 구성원에게 너무 잦은 조언은 하지 않습니다. 오히려 시간을 빼앗는 상황으로 변질될 수 있기 때문입니다.

조언을 해야 하는 두 번째 대상은 '**업무 성과나 태도가 리더의 기대에 미치지 못한다고 판단되는 구성원**'입니다. 좋지 않은 상황에서의 조언이 불편하다는 이유로 그냥 넘어가면 그것은 리더의 역할을 수행하지 않는 것입니다. 여기에서 기억해야 하는 것은 '조언이라는 이름으로 지적을 하거나 트집을 잡지 않아야 한다'는 것입니다. 그러기 위해서는 구성원의 성장을 바라는 마음이 우선되어야 합니다. 조언을 하기 전에는 스스로에게 질문을 합니다.

"지금하려는 조언, 무엇을 위해서 하는 것일까?"

"조언으로 얻고자 하는 것은 무엇일까?"

구성원의 성장을 바란다는 답변이 나오면 진심을 담아 직접적으로 표현을 하는 것이 좋습니다.

조언을 한 뒤에는 구성원에게도 말할 기회를 줘야 합니다. 그것이 설사 변명이라고 하더라도 이야기를 들으면서 문제 해결을 위한 힌트를 발견할 수 있기 때문입니다.

세 번째 대상은 '**조언을 요청하는 누군가**' 입니다.

조직 관리의 직접적인 대상일 수도 있고 타 부서의 리더나 구성원일 수도 있습니다. 누군가가 어떠한 문제에 대해 도와달라고 부탁할 수 있습니다. 이럴 때는 어떤 상황인지 구체적으로 파악하는 것이 중요합니다. 간혹 자신이 안다고 생각해서 성급하게 답변을 하다 보면 맞춤형 조언이 안 되거나, 내가 생각하는 정답을 강요하게 될 수도 있습니다. 또한 상대방이 조언을 요청했다고 해서 나의 모든 이야기를 수용할 것이라고 생각해서는 안 됩니다.

'빈 수레가 요란하다'는 말이 있습니다. 물론 조언 요청을 받은 리더가 빈 수레는 아닐 것입니다. 그러나 너무 많은 조언을 쏟아내면 그렇게 보일 수도 있습니다. 그리고 다시는 조언을 구하지 않을 수도 있습니다. 누군가가 나에게 조언을 구할 때는 현재 상황과 당사자의 생각, 관점을 이해하는 것에 집중해야 합니다. 문제를 해결하기 위해 무엇을 시도하고 실행했는지도 확인합니다. 잘못한 행동을 찾는 것이 아닙니다. 그렇게 행동한 이유 안에서 상대를 알기 위함입니다.

"혹시, 내가 생각하는 방법을 이야기해도 괜찮겠습니까?"

조언을 하기 전 '확인 질문'을 먼저 하는 것을 추천합니다.

네 번째 대상은 리더인 '나' 입니다.

리더도 문제에 봉착하고 의사결정의 어려움에 빠질 수 있습니다. 리더의 입장에서 조언이 필요하면 플레이어에게 조언을 구합니다. 리더가 질문하는 것을 권위가 떨어진다고 생각하는 분들이 있습니다. 전혀 그렇지 않습니다. 플레이어에게 조언을 구하는 리더의 행동은 오히려 리더의 영향력을 크게 만들 수 있습니다. 이것이 열린 커뮤니케이션 문화를 만드는 시작입니다.

또한, 플레이어들이 수시로 자신의 의견을 담아 조언할 수 있도록 분위기를 만듭니다. 여기에서 조언은 '직언'입니다. 직언이란, 옳고 그름에 대하여 기탄없이 말하는 것입니다. 리더에게 직언을 하는 것은 플레이어에게 용기가 필요한 일입니다. 그 용기를 리더가 만들어 줌으로써 잘못된 의사결정을 하지 않도록 도와주는 든든한 지원군을 만들어 놓는 것입니다.

상대방의 성장을 바라면서 신중하게 조언을 한다면, 서로에 대한 존중과 신뢰감을 갖게 될 것입니다. 여기서 추가적으로 생각해 볼 부분, 만약 리더가 플레이어에게 조언을 했는데 수용하지 않는다면 어떻게 하시겠습니까?

누군가에게 조언을 들었다고 해서 그대로 행동해야 할 의무는 없습니다. 자신이 처한 상황에 따라 조언이 수용될 수도 있고 거부될 수

누구에게 어떻게 조언할 것인가

조언 대상자	리더 → 구성원			구성원 → 리더
	일을 잘 하고 있다고 생각하는 구성원	기대에 미치지 못한다고 생각하는 구성원	요청하는 누군가	나에게
하지 않는 이유	잘하고 있으니까	말하기 불편해서	요청이 없어서	대상으로 생각해보지 않음
어떻게?	응원과 지지	구체적인 지도	구체적 상황 및 관점 파악 후	직언
언제?	수시 (자주×)	수시 + 정기	요청 및 수용 가능한 시간	수시

도 있습니다. 또한 수용은 했지만 주변의 상황으로 인해 행동으로 반영되지 않을 수도 있습니다.

상대에게 조언을 하는데 제대로 듣지 않거나 조언과 다른 선택을 하면 기분이 나쁠 수 있습니다. 특히 내가 관리하는 구성원이 리더인 나의 조언을 수용하지 않으면, 그것은 '화'를 일으키기도 합니다. 하지만 '조언 수용 결정'과 '결정에 대한 결과'를 감수하는 것은 온전히 당사자의 몫입니다. 한 번의 조언으로 태도가 바뀌기를 바라는 것이 아니라 지속적인 관심과 표현을 해야 합니다. 또한 표현의 문제로 조언을 거부하는 것일 수도 있습니다. 상대에게 나의 조언이 수용될 수 있도록 방법을 고민하는 것도 필요합니다.

'당신이 말을 물로 끌고 갈 수는 있어도, 말이 물을 먹게 만들 수는 없다'는 속담이 있습니다. 좋은 기회를 주고 좋은 이야기를 해줄 수는 있지만,

You can lead a horse to water,
but you can't make him drink

억지로 행동하게 할 수는 없는 것입니다. 리더가 자신의 역할 수행에

책임을 다하는 것이 중요합니다.

침묵:
내가 하는 말을 통제하라고?

'통제'라는 말을 들으면 부정적인 이미지가 떠오르겠지만, 여기에서 말하는 '통제'는 선택의 의미를 담고 있습니다. 목표를 달성하기 위해서는 결정을 내리고 행동할 수 있는 힘이 있어야 합니다. 이때 자신이 선택하는 말과 행동이 모두 정답이 아닐 수 있습니다. 이러한 상황에서 필요한 것이 통제입니다. 즉, 누구에게 말할 것인지, 무슨 말을 할 것인지, 어떻게 말할 것인지를 스스로가 컨트롤하는 것입니다.

리더의 침묵은 단절이 아니다

인도의 성인聖人 으로 불리는 사티아 사이바바 Sathya SaiBaba 는 "입을 열기 전, 스스로에게 질문을 던져라. 꼭 필요한가? 침묵보다 가치가 있는가? 이 기준에 미치지 못하는 말이라면 차라리 하지 않는 편이 낫다."라고 조언합니다.

여기에서 말하는 '침묵'은 소통의 단절을 가져오는 침묵의 문화가 아닙니다.

우리는 간혹 머릿속으로 정리가 되지 않은 상황에서 말을 하는 경우가 있습니다. 이렇게 쏟아내는 말이 수용되는 것은 새로운 아이디어를 내는 브레인스토밍 Brainstorming 을 제외하고는 없다고 봅니다.

브레인스토밍이 '새로운 생각의 모음'에 항상 좋은 도구일까요? 그렇지 않습니다. 다수가 모여 브레인스토밍을 해도 한 사람의 의견에 집중되거나 관점이 한 방향으로 흘러갈 수도 있습니다. 브레인스토밍의

단점을 보완하기 위해 말이 아닌, 글로 아이디어를 모으는 브레인라이팅 Brainwriting 을 진행하기도 합니다. '브레인라이팅'의 다른 이름은 '침묵의 브레인스토밍'입니다.

발전적인 생각과 창의적인 생각을 꺼내기 위해 발산형으로 표현을

브레인 스토밍 & 브레인 라이팅

구분	브레인 스토밍	브레인 라이팅
발상 기법	대화를 통한 발상	글쓰기를 통한 발상
원칙	**4가지 원칙** ① 비난/비판 금지 ② 비판 없는 수용 ③ 질보다 양 ④ 아이디어 재활용 가능	**6.3.5 원칙** 롤링 페이퍼 형식 6명 3개 아이디어 5분간 쓴 후 전달
장점	• 단 시간에 다양한 생각을 모음 • 압도적으로 많은 양으로 승부 • 마인드 맵, 그룹핑 등으로 정리	• 30분 동안 6x3x6=108개 • 모두가 평등한 의견 제시 • 침묵 유지로 편안한 분위기 조성
단점	• 활발한 인물에 의한 발언권 독점 • 특정 아이디어로 의견 쏠림 • 분위기에 따라 양의 차이 발생	• 전체적인 맥락 파악이 어려움 • 아이디어 유목화가 어려움 • 분위기가 침체될 가능성 있음

해야 하는 경우도 있지만, 모든 상황이 그렇지는 않습니다. 발산형으로 말을 해야 할 때가 있는 것처럼, 수렴형으로 정리하고 기다려야 하는 때도 있습니다. 특히 리더에게 침묵은 단순히 입을 닫고 있는 것이 아니라 말을 통제하고 생각에 머무르는 커뮤니케이션 도구입니다. 그리고 이를 지혜롭게 사용하면 리더의 영향력은 더 커질 수 있습니다.

A팀과 B팀이 있습니다.

두 팀은 조직의 미래를 위한 미션을 부여받았습니다. 동일하게 금요일 오후에 긴급 미팅을 하고, 월요일 오후 2시 전체 아이디어 미팅을 합니다. 두 팀의 회의가 시작되면서 리더가 어떻게 회의를 시작하는지 보겠습니다.

A 팀장: 자리에 앉으면서 바로 내가 지난 주말에 잠이 안 오더라고.

오늘 점심도 먹는 건지 마는 건지. 여러분들도 그랬죠?

뭔가 새롭게 시도해야 할 것 같아서 주말 내내 고민하다가 오늘 오전에 마침 생각이 정리가 되었어요.

자신의 아이디어 설명 후 어때요? 이렇게 하면 뭔가 좀 변화가 있지 않을까?

그럼 주말에 어떤 생각을 했는지 한 명씩 돌아가면서 말해볼까요?

오른쪽에 앉은 김 대리를 보면서 김 대리부터 돌아가면서 얘기해 봅시다.

B 팀장: 자리에 앉으면서 구성원들을 둘러보고 주말 잘 보냈어요?

주말에 숙제가 있어서 고민이 있었을 것이라 생각합니다. 잠시 멈춤

오늘 미팅은 아이디어를 찾는 자리니까 생각을 모아봅시다. 침묵

A 팀장과 B 팀장의 회의 시작을 살펴보았습니다. 두 팀의 회의실에서는 어떤 분위기가 연출될까요? 이 시간에는 누가 말을 가장 많이 했을까요? 누구의 아이디어가 채택되었을까요?

인간은 두려움과 불안을 피하고자 쓸데없는 말을 하게 된다고 합니다. 현명한 리더는 말을 해야 하는 타이밍과 침묵을 해야 하는 타이

밍을 알고 있습니다. 자신의 아이디어를 수용하고 따르라고 말하는 자리인지, 구성원들의 아이디어를 모으는 자리인지는 리더의 언어로 결정될 수 있습니다.

리더의 침묵은 [　　]다

리더의 침묵은 [권위 Power의 발휘] 입니다.

　　구성원이 잘못했을 때, 일일이 지적하면서 말을 하는 경우와 잠시 아무 말 하지 않고 침묵을 하는 경우가 있습니다. 두 가지 상황에서 구성원은 어떤 영향을 받을까요? 전자의 경우에는 리더의 '말'을 받게 되고, 후자의 경우에는 리더의 '힘, 권위'를 받게 됩니다. 더 좋은 것은 없습니다. 하지만 말을 해서 권위를 얻을 것인지, 잃을 것인지는 선택할 수 있습니다.

　　리더의 침묵은 [권한 부여 Empowerment]입니다.

　　의사결정과 실행 과정에서 조직 구성원에게 권한을 주는 것입니다. 리더가 회의시간에 말을 시작하면 자신의 주장으로 끌고 가게 되지만, 구성원들이 말할 때 '기다림의 침묵'을 선택하면 플레이어의 의견으로 움직이게 할 수 있습니다. 이것이 플레이어에게 자율성을 부여하는 시작점입니다.

　　리더의 침묵은 [존중 Esteem] 입니다.

　　리더가 구성원의 '침묵의 시간'을 인정하는 것은 구성원들이 생각할 수 있도록 도와주는 것입니다. 리더가 말을 멈추면 조용한 긴장감이 만들어집니다. 같은 공간에 있는 사람들은 긴장감 속에서 '채움의 강요'를 받게 됩니다. 리더는 이 시간을 버텨야 합니다. 본인이 이것을 이기지 못하고, "아니 왜 말이 없어?"라고 독촉하지 않습니다. 리더가 서두르지 않으면 구성원들이 채우기 시작합니다. 침묵의 불안감이 해소되는 순간, 구성원들은 자신의 역할을 하기 위해 말하기 시작합니다. 처음은 어렵겠지만 '리더의 침묵'이 커뮤니케이션에 활기를 만들어 줄 수 있다는 믿음이 필요합니다.

리더의 침묵은 [생산적인 휴식 Productive Break]입니다.

리더는 무의식중에 무엇인가를 주어야 플레이어들이 성장한다고 생각합니다. 그래서 식사 시간이나 휴식 시간에도 자신의 성공이나 실패 경험을 쏟아내는 경우가 있습니다. 자신의 이야기가 통찰력을 줄 수 있다고 생각하기 때문입니다. 그러나 잘못하면 그것은 통찰력이 아닌, 소위 꼰대의 모습으로 비춰질 수도 있습니다. 플레이어들이 생각을 정리할 수 있도록 리더의 말이 잠시 쉼을 찾는 것도 필요합니다.

침묵 기술, 어떻게 키우지?

일반 대화, 업무 대화, 하물며 프레젠테이션에서도 '침묵'을 활용하지 않으면 사람들은 지칩니다. 리더의 침묵을 통해 말의 여백을 만들고, 플레이어의 생각들로 여백이 채워질 수 있도록 기다리는 것도 리더의 역할입니다.

미국의 작가, 마크 트웨인 Mark Twain 은 "올바른 단어는 효과적일 수 있지만, 적절한 시간에 멈추는 것만큼 효과적인 단어는 없습니다."라고 말합니다. 적절한 타이밍을 찾는 것도 어렵고 침묵을 선택하는 것은 더 어렵습니다. 그러나 리더의 침묵이 잘 활용되면 큰 힘을 발휘할 수 있고 플레이어의 성장을 자극하고 조직문화에도 긍정적인 영향을 줄 수 있습니다.

이렇게 중요한 '침묵' 스킬을 어떻게 강화해야 할까요?

커뮤니케이션 전문가들이 찾은 방법은 2가지입니다. 첫 번째는 입을 통해서 소리 내지 않는 '**침묵의 언어** Silent Language' 입니다. 안타깝게도 이를 강화하는 방법은 찾지 못했습니다. 이것은 기술이지만 '의지'에 더 가까운 일입니다. 앞으로 답을 찾을 수 있기를 희망합니다.

두 번째는 '침묵의 언어'가 '**몸 언어** Body Language' 로 대체된다는 것입니다. 말은 하고 있지 않았지만 얼굴 표정으로 상대방의 의견에 긍정하고 때로는 부정하고 있습니다. 이것은 적극적인 경청으로 해석될 수도 있지만 암묵적으로 의견을 강요하는 것으로 받아들여질 수도 있습니다. 그렇기 때문에 '**진짜 침묵**' 기술은 **중립을 지키는 것**도 포함합니다.

그러던 중 우연히 SNS에서 이런 문장을 접했습니다. '가르칠 수는 없지만, 배울 수 있는 기술' 이것이 바로 침묵이 아닐까 생각합니다.

침묵하면, 말해야 하는 이유를 발견하게 됩니다.
침묵하면, 중립 속에서 공정하게 생각할 수 있습니다.
침묵하면, 생각을 숙성시킬 수 있습니다.

리더의 역할을 하고 있다면 자신의 말을 통제하고 침묵하는 시간이 필요합니다.

누군가와 소통한다는 것은 준비 상태에 따라 방향과 결과가 달라질 수 있습니다. 친구와 정서적 소통을 하기 위해 만났는데, 이성적이고 논리적인 이야기만 하고 헤어졌다고 해볼까요? 선배에게 배움을 얻고자 만났는데 잡담만 하고 왔다면 어떨까요? 두 상황 모두 교류는 했지만 만족스럽지 않을 수 있습니다. 리더와 플레이어의 소통은 어떨까요? 조직에서 리더가 플레이어의 업무 역량을 높여주기 위해 일부러 시간을 갖습니다. 부족한 점과 채워야 할 것을 하나하나 정성스럽게 알려줍니다. 이후 플레이어의 업무 역량이 나아진다면 좋겠지만, 플레이어의 태도에 변화가 없거나 리더와의 커뮤니케이션을 불편하게 생각하여 자꾸 회피한다면 교류는 실패한 것입니다.

리더의 역할 중 '직원 육성'이 있습니다. **직원 육성에 필요한 것은 가르침을 전달하는 것만이 아니라 '질문'도 해야 합니다.** 리더의 질문은 관심의 증거입니다. 플레이어에 대한 관심을 제대로 전달하고 소통하기 위해서는 준비를 해야 합니다. 플레이어와 커뮤니케이션을 하기 전에 리더가 해야 하는 질문 준비를 'Y'로 알아보겠습니다.

질문의 준비, Y

Y라고 하면 어떤 이미지가 연상되십니까? 제가 말씀드리는 Y는 '하늘

을 향해 서서 두 팔을 벌리고 서 있는 사람의 모습'입니다. 인간은 앉아 있을 때와 서 있을 때, 땅을 볼 때와 하늘을 볼 때 심리적인 변화가 있습니다. 앉아 있는 것보다 서 있는 것이 자신감이나 자존감에 더 좋은 영향을 줍니다. 시선의 머무름이 땅에 있는 것은 현재에 집중하게 해준다면, 하늘은 미래와 이상을 생각할 수 있게 합니다. 이러한 Y를 질문을 하기 위한 준비로 살펴보겠습니다.

첫 번째 Y는 '관점'입니다.

플레이어를 신뢰하고 스스로 답을 찾아갈 수 있도록 질문하는 것입니다. 플레이어를 어떻게 바라보느냐의 관점은 조직의 문제 해결과 함께 조직 문화를 형성하는데도 큰 영향을 미치게 됩니다. 플레이어를 매일 물을 주면서 키워야 하는 존재로 보는지, 마른 수건을 짜내듯 강압적인 힘을 발휘해야 하는 존재로 보는지에 따라 사람을 움직이게 하는 방법은 달라집니다.

사람을 움직이게 하는 방법은 크게 두 가지입니다. 강압적인 힘과 지시를 통한 방법과 스스로 움직이도록 동기를 부여하는 방법입니다. 인간의 '동기'란 개인의 행동을 야기하는 내적인 추진력입니다. 내적

추진력으로 구성원 스스로 움직이게 되면 목표 달성을 위한 발전적 생각과 행동을 더 끌어낼 수 있습니다. 이는 과정이나 결과에 대한 개인의 만족도까지 높일 수 있게 됩니다.

미국의 심리학자 맥그리거 Douglas McGregor 의 'X-Y 이론'이 있습니다. 이는 중국 순자의 성악설, 맹자의 성선설과 유사한 개념으로 해석하기도 합니다. X이론의 관점으로 조직의 구성원을 바라본다면 인간은 기본적으로 악한 존재이며, 조직에 무관심하며 일하기를 싫어합니다. 금전적 보상으로 유인해야 하며 엄격하게 감독하고 처벌로 통제해야 한다는 것입니다.

반대로 'Y이론' 측면에서 보면 인간은 선천적으로 선하게 태어났으며, 일을 놀이처럼 즐길 줄 알고 일을 통해 자신의 능력을 발휘하고 자아실현을 하고자 합니다. 이를 위해 조직은 창의적으로 일할 수 있는 여건을 마련해 주고 인정과 칭찬을 해주는 조직문화가 형성되면, 구성원은 책임감을 가지고 조직의 성과를 만들어 낸다는 것입니다.

최근 구글이나 애플, 아마존과 같이 혁신적으로 성공한 기업들을 보면, 조직의 구성원들을 통제의 대상으로 보지 않고 일을 즐기며 창조해 낼 수 있는 Y이론의 관점으로 보는 것을 알 수 있습니다. 리더가 Y이론의 관점으로 구성원들을 본다는 것은 그들의 존재 자체를 인정하는 것이며, 문제를 해결할 수 있는 기회를 만들어 주는 것이고 방향을 찾을 수 있도록 지원하는 것입니다. 이런 관점에서 나오는 질문은 탓하거나 질책하거나 의심하는 질문이 아닙니다. 미래지향적이고 목표지향적이며, 인간 중심으로 질문하게 되는 것입니다. 이것은 즐겁게 일하는 문화를 만들 수 있습니다.

　두 번째 Y는 'Yes'를 통한 행동 가능성을 여는 것입니다.

　긍정적으로 사고한다는 것은 가능성을 만드는 것입니다. 커뮤니케이션 세미나에서 이것을 작은 'Yes'가 큰 'Yes'를 부른다고 설명합니다. 바로 '일관성의 법칙'입니다. 사람에게는 일관성을 유지하려는 욕구가 있습니다. 즉, Yes의 행동을 하면 그 다음 행동도 Yes를 유지할 확률이 높다는 것입니다.

　서던 메소디스트 대학의 다니엘 하워드 Daniel Howard 는 앞의 행동이 다음 행동에 어떤 영향을 미치는지에 관한 연구를 진행했습니다. 실험은 '요청'하는 것이었습니다. A집단에서는 상대에게 요청을 할 때, "~~을 도와주시겠어요?"라고 바로 질문을 합니다. 반면 B집단에서는 요청하기 전, Yes를 유도하는 "오늘 기분 어떠세요?", "오늘 날씨가 참 좋죠?"라는 질문을 하고 "네, 좋아요."라고 대답한 사람들에게 "~~을 도와주시겠어요?"라고 요청합니다. 연구 결과, B집단이 요청을 받아들이는 경향이 더 높다는 것을 발견하게 됩니다. 사전에 'Yes' 행동이 있던 B집단의 요청 수락률은 32%, 'Yes' 행동이 없었던 A집단의 요청 수락률은

18%로, 두 배 가까이 차이가 났습니다. 두 집단의 차이는 'Yes' 행동을 했는지 안 했는지의 작은 것이었지만, 결과를 두 배로 올리는 계기가 되었습니다.

행동 경제학에서 말하는 **넛지**Nudge 가 있습니다. 넛지 Nudge 란 '어떤 행동을 하도록 팔꿈치로 쿡쿡 찌른다는 의미로, 사람을 바람직한 방향으로 부드럽게 유도하되 선택의 자유는 여전히 개인에게 열려있는 상태'를 말합니다. 작은 Yes로 '생각'을 조종한 것이 아니라, '행동'하도록 '넛지 Nudge'한 것입니다. 긍정의 Yes가 조직문화를 즐겁게 만들고 새로운 도전을 하는 데 두려움을 없앨 수 있습니다.

'YES 맨'이라는 단어가 있습니다. 사람들은 무조건적인 'Yes'가 개인 시간을 빼앗고 다른 사람들에게도 좋지 않은 영향을 줄 수 있다고 해석합니다. 그러나 약간만 다르게 생각하면, 'Yes'를 외친 사람은 변화의 가능성을 열어두고 할 수 있다는 의지를 선언하는 것이 됩니다. 조직의 리더가 즐겁게 'Yes'를 외치는 플레이어와 함께 일한다고 생각해 볼까요? 엄청나게 큰 에너지를 만들어 내는 것을 경험하게 될 것입니다. 이러한 플레이어와 함께 하는 리더라면, 'Yes'라고 외친 구성원의 현재 상태와 주변을 돌봐 주어야 합니다.

리더는 플레이어에게 작은 'YES'를 자주 말할 수 있도록 질문으로 넛지 Nudge 할 수 있어야 합니다. 한 명의 'YES'가 조직 전체의 'YES'가 되어 긍정 문화가 선순환 될 수 있도록 조직을 관리해야 합니다. 반대로 생각해 보면, 조직 내 'No'를 외치는 거절의 일관성이 순환되지 않도록 해야 합니다. 모든 일은 사전에 어떤 마음으로 준비하느냐에 따라 달라집니다.

Y 관점으로 플레이어를 보고 플레이어들이 'Yes' 행동을 할 수 있도록 준비하는 것은 소통을 위한 리더의 핵심 태도 ^{Core Attitude} 입니다.

대답:
질문에 대답하는 법이 있다고?

질문은 대답을 요구하기 때문에 질문을 하는 사람은 힘^{Power} 을 가지고 있다고 볼 수 있습니다. 조직에서는 누가 질문을 하느냐에 따라 그 힘 ^{Power} 의 크기나 방향을 볼 수 있습니다. 리더가 팔로워에게 하는 업무적 질문은 '권위의 발휘'와 함께 '문제 제기'가 많습니다. 이것은 '리더의 중요한 질문'으로 끝나지 않고 '해결을 위한 팔로워의 답변이 더 중요하다'고 해석할 수 있습니다. 반대로 팔로워가 리더에게 하는 질문은 몰라서 혹은 답을 찾기 위한 경우가 많습니다. 이때는 질문 내용이나 화법이 중요합니다.

〈커뮤니케이션 상황 1〉

리더 A: 회의 잘 다녀왔어요?

플레이어 B: 네.

리더 A: ○○부서에서는 뭐라고 하나요?

플레이어 B: 지원해 준다고 합니다.

리더 A: 아니, 그 부서는… 그렇게 답변할 거면서 왜 그렇게 어렵게 했대요?

플레이어 B: 그게 말입니다~~~ ^{이유 설명}

〈커뮤니케이션 상황 2〉

리더 A: 회의 잘 다녀왔어요?

플레이어 C: 네, 리더 ^{직위} 님. ○○부서의 업무 지원이 어려울 것 같아서 걱정을

했는데, ~~한 문제가 있더라고요. 그래서 ~~ 하기로 했더니

적극 지원해 준다고 합니다.

리더 A: 다행입니다. 잘 해결하고 왔네요.

　　두 가지 커뮤니케이션 상황을 보셨습니다. 어떤 느낌을 받으셨나요? B와 C, 어떤 플레이어와 일을 하고 싶으신가요? B와 C 모두 일을 잘하는 플레이어라고 하더라도 분명히 다르게 평가받을 것입니다.

리더의 질문보다 중요한 플레이어의 대답

조직에서는 리더의 질문보다 플레이어의 대답을 통해 관점이 확장되고 의사결정을 하기 때문에 조직에서는 플레이어의 대답이 중요합니다. 또한 리더는 많은 업무와 의사결정 책임으로 시간이 부족하거나 마음이 바쁩니다. 그렇기 때문에 리더가 질문을 하면 신속한 답변, 즉 결론 중심의 답변이 필요합니다.

　　CEO를 제외한 모든 조직의 구성원은 팔로워 ^{플레이어} 입니다. 리더의 질문에 팔로워는 어떻게 대답을 해야 할까요? 커뮤니케이션 세미나에서 나왔던 '대답법'을 정리하면 다음과 같습니다.

직장인의 대답법

- 질문의 의도를 생각하고 핵심을 담은 대답

- 핵심 정보가 누락되지 않은 대답

- 정확한 대답

- 이해하기 쉬운 대답

- 깔끔한 대답

- 모르면 모른다고 대답

리더에게 갑자기 질문을 받게 되면 당황할 수 있습니다. 그럴 때는 급하게 반응할 것이 아니라, 잠시 심호흡을 하고 자신이 알고 있는 정확한 정보를 논리적으로 답변해야 합니다. 리더의 질문에 답을 할 때는 기본적으로 자신만의 대답 원칙을 만드는 것을 추천 드립니다. 아래 나오는 대답 원칙은 커뮤니케이션 세미나에서 조직의 플레이어들이 기록했던 내용입니다. 나에게 필요한 것이 있는지 생각하면서 읽어보시기를 추천합니다.

직장인의 대답 원칙, 액션플랜

- 대답 원칙. 질문의 핵심에 맞게 대답한다.

- 대답 원칙. 1을 물어보면, 의미 있는 1.5를 대답한다.

- 대답 원칙. 가치 있는 대답이 되기 위해 정보를 구축한다.

- 대답 원칙. 간결하게 대답한다.

- 대답 원칙. 질문의 의도를 생산적으로 생각하고 대답한다.

- 대답 원칙. 메신저 답변 시 한번 더 읽어보고 대답한다.
- 대답 원칙. 메일 회신 답변은 기한일정을 넘기지 않는다.
- 대답 원칙. 정보의 나열이 아닌 나의 생각을 담아서 대답할 수 있도록
  사전에 준비한다.
- 대답 원칙. 정보의 전달이 아닌 나의 가치를 높이는 것이라 생각하고 대답한다.
- 대답 원칙. 거짓 대답은 절대로 하지 않는다.

  질문에 대한 답을 한다는 것은 질문자에게 잘 보이기 위함이 아닙니다. 대답을 한다는 것은 내가 알고 있다는 것을 표현하는 것입니다. 답을 함으로써 질문자가 무엇을 중요하게 생각하는지, 자신이 얼마나 알고 있는지, 무엇을 채워야 하는지 알 수 있습니다.

  같은 질문이라 하더라도 선배, 동료들이 어떻게 답변을 하는지를 보면 누구의 대답이 더 잘 들리고 가치가 있는지 알 수 있습니다. 플레이어의 대답은 조직의 변화를 만들어 갑니다. 그 변화가 앞으로 나아가는 것인지, 뒤로 돌아가는 것인지는 대답을 하는 사람이 만들 수 있습니다. 리더의 질문에 대해 자신의 모습을 생각해 보고 대답 원칙을 정리해 보았으면 합니다.

  조직 전체에서는 팔로워지만 부서에서는 리더의 역할을 하는 경우라면, 나와 함께 일하는 파트너와 팔로워들이 답변을 잘 할 수 있도록 알려주는 것도 필요합니다. 리더가 임원 앞에서 어떻게 답변하는지를 보고 팔로워들은 배웁니다. 또한 팔로워가 질문을 할 때, 리더의 답변 태도가 그대로 리더에게 돌아옵니다.

플레이어의 대답^{Answer}이 조직의 변화를 이끈다는 생각으로 질문에 답하는 태도가 필요합니다.

존중:
권위는 어떻게 지켜주지?

오늘날 많은 조직은 수직 구조 안에서 수평 문화를 만들고 있습니다. 구조 안에는 체계가 있고, 직급과 직위가 있습니다. 또한 조직의 구조 안에는 권위가 존재합니다. 일반적으로 서로를 존중하는 문화를 가지고 있는 조직이라면 권위를 함부로 사용하지 않습니다. 그렇다고 해서 권위가 없어질까요? 권위를 버림으로써 권위를 높인다는 말이 있습니다. 일부러 권위를 드러내지 않아도 조직의 구성원들은 서로가 권위, 힘 Power 을 느끼고 있다는 것이 중요합니다.

권위와 권위주의는 다릅니다

우리는 주변에서 권위가 있는 사람을 봅니다. 또한 권위주의가 강한 사람도 봅니다. 권위와 권위주의는 어떻게 다를까요?

권위 權威, Authority

남을 지휘하거나 통솔하여 따르게 하는 힘,

일정 분야에서 사회적으로 인정받고 영향력을 끼칠 수 있는 실질적인 능력

권위주의 權威主義, Authoritarianism

어떤 일에 있어 권위를 내세우거나 권위에 순종하는 태도

권위는 그 사람의 인품과 능력을 주변 사람이 인정하면서 생기는 자연스러운 힘입니다. 권위주의는 스스로가 권위를 내세우는 것입니다. 그리고 '권위주의적'이라는 것은 자신의 권위에 기대어 불합리하거나 부정적인 것을 상대로 하여금 강요하는 것입니다. 조직의 리더가 권위를 부정적으로 발휘하는 순간, 조직문화가 무너지거나 구성원들이 조직을 떠나는 현상을 볼 수 있습니다.

권위는 직위나 직급에 의해서만 생기는 것이 아닙니다. 조직 구성원들은 각자의 역할에 필요한 '권위'가 있습니다. '필요한 권위'를 갖기 위해서는 역할에 맞는 노력이 필요합니다.

호의는 호의를 불러온다

'상호성'이라고 합니다. 자신에게 '필요한 권위'를 갖는 것은 상대의 권위를 인정하는 것부터 시작됩니다. 인정을 한다는 것은 생각으로만 되지 않습니다. 상대의 권위는 인정하지만 '권위를 인정하는 말하기'를 하고 있는지 살펴보면 아쉬운 경우가 있습니다. 상대의 권위를 무시하고 말한 경우, 그 이유를 물어보면 순간적인 감정에 의해서 혹은 개인적인 관계 때문에 그렇게 행동했다고 말합니다. 조직에서 각자 역할에 맞는 권위를 갖기 위해서는 구성원들이 알고 있어야 하는 기본적인 마음 태도가 있습니다.

첫 번째 마음 태도, '플레이어를 과소평가하지 않습니다.'

플레이어를 과소평가한다는 것은 말 언어 Verbal Language 와 몸 언어 Body Language 로 드러나게 됩니다. 또한 과소평가하는 커뮤니케이션을 하게 되면 논의 Discussion 가 아닌 언쟁 Dispute 을 하는 상황까지 벌어질 수 있습니다.

"그건…… 논리가 부족한 것 같습니다."

"지금까지 그렇게 진행했습니까?"

"무슨 생각으로 그렇게 행동했는지 이해가 안 됩니다."

이러한 표현이 입 밖으로 나오는 순간, 그것은 플레이어의 논리나 이해에 대한 문제가 아니라 자신의 태도 때문에 발생하는 것임을 알아야 합니다. 플레이어를 과대평가하면서 받는 실망보다 과소평가했다가 받게 되는 앙갚음이 더 위험합니다.

두 번째 마음 태도, '플레이어에게 긍정 에너지를 주는 사람이 됩니다.'

리더의 동기부여 방법으로 '당근과 채찍'을 이야기합니다. 그리고 긍정적인 조직 문화를 만들기 위해서는 당근으로 여겨지는 인정과 칭찬을 많이 하자고 말합니다. 그런데 조직 내 인정과 칭찬을 살펴보면, 위에서 아래로 내려오는 것에만 신경을 쓰는 경우가 많습니다. 그러나 조직 문화 차원에서는 한 방향위→아래 이 아니라 순환하는 것이 필요합니다. 특히 인정과 칭찬, 존중, 감사는 하나의 방향이 아닙니다. 팔로워는 리더에게 감사함과 존경을 표현하고, 리더도 구성원에게 존중하는 마음을 표현해야 합니다. 이렇게 이야기하면 따라오는 단어가 있습니다. 바로 '아부 Flattery'입니다.

미국 시사주간지 타임지의 리처드 스텐절 편집장이 쓴 〈아부의 기술

원제 You're Too Kind: a Brief History of Flattery 〉을 보면, '인간에게는 아부의 DNA가 있고 아부의 기술은 진화한다.'고 주장합니다. 또한 현대사회에서 **적절한 아부**는 '**전략적 칭찬, 인간관계를 부드럽게 해주는 윤활유**'라고 옹호합니다. '아부를 이렇게까지 치켜세울 일인가'라고 생각할 수도 있겠지만 아니라고 반박하기도 쉽지 않습니다. 스텐절이 말하는 21가지 기술 중 파트너에게 긍정적인 에너지를 주기 위해 필요한 몇 가지를 살펴보겠습니다.

- **평소 칭찬과 친절을 저축하라**

  칭찬은 감정의 예금계좌에 축적됩니다. 상대방이 칭찬에 대한 의심을 하지 않을 때, 칭찬을 미리 예금합니다. 나중에 그의 호의가 필요할 때, 저축한 계좌에서 그 보답을 찾아 쓸 수 있을 것입니다.

- **조언을 구하라**

  인간이라면 누구나 자신의 권위를 인정해 주는 사람을 좋아합니다. 권위는 그것을 인정해 주는 사람에게 생기는 힘 Power 입니다. 조직 내 위계를 떠나서 파트너의 권위를 인정하고 조언을 구합니다. 현장을 가장 잘 아는 담당자로서 어떻게 생각하십니까? 어떻게 하는 것이 좋을까요?

- **너무 멀리 나가지 않도록 공정하게 하라**

  무엇이든 지나친 것은 좋지 않습니다. 인정과 칭찬, 호의는 주는 사람과 받는 사람의 관계뿐 아니라 옆에서 보는 사람에게도 영향을 미치게 됩니다.

- **'대단히 뛰어나다'고 칭찬하지 마라**

  나를 기준으로 선배나 리더에게 '뛰어나다'는 표현을 하지 않습니다. 좋은 의도로 표현했어도 듣는 사람에게 단어가 주는 어감으로 해석의 여지를 주어서는 안 됩니다. 나를 기준으로 아래에 있는 후배나 파트너에게도 '뛰어나다'는 표현을 하지 않습니다. '무엇이 어떻다, 그로 인해 내가 기분이 어떠하다'로 표현합니다. 막연한 표현이 아닌 구체적으로 표현합니다.

● **여러 사람에게 같은 칭찬을 되풀이 하지 마라**

같은 칭찬을 여러 파트너에게 반복하면 파트너들은 칭찬을 대수롭지 않게 여기게 됩니다. 특별한 것이 아니라 입버릇처럼 그냥 하는 말이 되면 앞으로의 관계에도 좋지 않은 영향을 끼치게 됩니다. 인정과 칭찬의 이유는 모든 사람에게 다르게 설명할 수 있어야 합니다. 이유는 같더라도 상황이 달라집니다. '이런 상황에서 이렇게 행동했기 때문'이라고 구체적으로 표현합니다.

랠프 에머슨의 말을 인용하면, "사람들이 아부를 좋아하는 이유는, 그 말을 곧이곧대로 믿어서가 아니라 누군가가 자신의 비위를 맞춰줘야 할 만큼 중요한 인물임을 실감하게 되기 때문이다."

'아부'라는 단어가 한국에서는 그리 좋게 들리지 않습니다. 그러나 파트너가 나의 존재를 인정해 주고 권위를 세워주기 위해 아부를 한다는 것이 불편할 수는 있지만 싫지는 않습니다.

존중의 조직 문화 안에서는 상대의 권위를 세워주고 자신의 권위를 세웁니다.

갈등:
부서 내 갈등, 중재는 어떻게 하지?

조직에서 갈등은 일상입니다. 갈등은 크게 '업무 갈등'과 '관계 갈등'으로 나누어집니다. 업무 갈등은 생산적이며 변화를 위해서 꼭 필요한 것입니다. 그러나 관계 갈등은 구성원 간의 불편함으로 협업의 장애가 될수 있습니다. 이는 조직의 변화나 문화에도 부정적인 영향을 미칠 수있기 때문에 미연에 방지하는 것이 좋습니다. 그럼에도 불구하고 갈등이 발생한다면, 비 온 뒤에 땅이 굳는다는 말처럼 더 단단한 관계로 발전시키는 것이 필요합니다. 이러한 갈등은 개인과 개인에서도 발생하지만 부서 대 부서로도 발생할 수 있습니다. 부서 간 갈등은 왜 발생할까요?

팀 구성원이 10명을 넘게 되면 리더의 '직접적인 관리'가 쉽지 않습니다. 그렇기 때문에 파트를 나누고 파트장을 통해 관리를 하는 경우가 많습니다. 업무 성격에 따라 기획 파트나 운영 파트로 나누거나, 영업 1팀과 영업 2팀처럼 같은 업무지만 지역에 따라 혹은 특성에 따라 나누기도 합니다. 팀 안에서 소그룹 파트가 서로 협력하면 시너지가 발생하지만, 팀장의 공정성이나 편애에 따라 파트 간의 경쟁이 생기면 갈등이 발생할 수도 있습니다. 또 파트장 간의 입장 차이나 관계에 따라 갈등이 발생할 수도 있습니다.

리더가 갖춰야 하는 기본 태도

팀 안에서 갈등이 발생한다는 것은 시너지 발휘를 못 한다거나 제 살 깎아먹는 상황이 벌어질 수 있기 때문에 팀 리더의 갈등 중재는 중요합니다. 기본적으로 팀의 리더라면, 우선적으로 갖춰야 하는 태도가 있습니다. 바로 '공정성'입니다. 조직 내 MZ세대를 이해하기 위한 키워드에도 공정성, 형평성, 윤리성에 대한 이슈가 있습니다.

아담스J.Stacy. Adams 가 제시한 '공정성 이론Equity Theory'에 의하면, 조직 구성원들은 자신의 노력과 보상을 비슷한 일을 하는 다른 사람과 비교한다고 합니다. 이는 인간의 기본 심리인 것 같습니다. 조직의 공정성은 '분배 공정성', '과정 공정성', '상호 공정성'의 3가지로 볼 수 있습니다.

첫 번째, '분배 공정성'입니다.

공정성은 자원을 '공평하게 분배했는가'입니다. 파트 간의 관계로 보았을 때 파트 혹은 파트장 간의 입장에서 공평하게 보상을 받았는지는 파트를 움직이는 데 큰 힘이 됩니다. 여기에서의 자원과 보상은 금전적인 부분뿐 아니라 비금적적인 보상까지 포함해야 합니다. 비금전적인 보상으로는 팀장의 위치에서 제공할 수 있는 시간, 관심, 피드백 등이 있습니다.

두 번째, '과정 공정성'입니다.

업무를 배분하는 등의 의사결정을 하는데 '과정이 공정했는가?'입니다. A팀과 B팀의 업무 분량이나 달성 목표를 정하는데 공정하지 못하면, 파트 간 갈등의 골이 깊어지거나 파트원 간의 문제로까지 확장될 수 있습니다. 이는 팀장의 신뢰에도 영향을 미쳐서 팀장의 편애에 대한 이야기가 나올 수 있습니다. 이는 팀 전체의 업무 구조나 배분에 대한 문제로, 팀 구성원 전체의 공유된 합의점을 가지고 있어야 합니다.

세 번째, '상호 공정성'입니다.

팀 구성원 간 '인간적인 관계가 공정한가?'입니다. 실제로 조직에서 "우리 파트장은 팀장이랑 안 친해서." "팀장님이랑 너희 파트장은 사이가 안 좋아."라는 이야기가 들리는 경우가 있습니다. 이런 경우가 발생하면, 파트장에 대한 구성원들의 신뢰도가 하락할 수 있고, 반대로 파트만의 동료애가 너무 강해져서 팀장의 조직 관리에 혼란을 야기할 수 있습니다.

팀 내부의 갈등 중재, 어떻게 해야 할까?

팀 내에서 발생하는 갈등을 원활하게 관리하기 위해서는 리더가 갈등을 조정하고 중재해야 합니다. 뛰어난 리더는 문제를 해결하기 위해 문제를 단순화하는데 탁월한 능력을 갖추고 있습니다. 여기에 도움되는 매트릭스가 있습니다. 2×2 매트릭스는 양자택일의 딜레마에 빠지지 않게 합니다. 파트 간 갈등 중재를 위해서 매트릭스의 각 축에는 업무의 '긴급성'과 '중요성'을 둡니다.

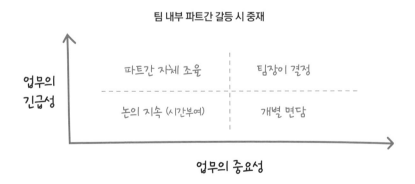

팀 내부 파트간 갈등 시 중재

긴급성과 중요성이 높은 업무는 신속한 의사결정이 필요합니다. 이러한 상황에서는 조율보다는 사실 중심의 보고를 받은 후 팀장의 빠른 의사결정으로 일이 진척되도록 해야 합니다. 이때 필요한 것은 사실을 기반으로 팀장의 결정 근거를 알려주는 것입니다.

긴급하지 않지만 중요한 일, 또는 두 파트장 간의 첨예한 대립이 있는 경우에는 따로 불러서 면담을 진행합니다. 공정성 기준에서 보면 모두 모여서 미팅을 하는 것이 맞겠지만, 대립이 있는 경우에는 불편한 감정이 유발될 수 있기 때문에 개별적으로 이야기를 듣고 조율하는 것이 필요합니다.

긴급하지만 중요성이 약한 업무는 서로 타협을 해서 결과를 가져오라고 합니다. 이 상황에서도 팀장이 빠르게 의사결정을 내릴 수 있겠지만, 파트 간 협업을 위해서 문제를 함께 해결하는 시간을 부여하고 기다리는 것이 필요합니다.

마지막으로 긴급하지도 중요하지도 않은 업무라면 시간을 두고 서로 협상할 기회를 줍니다. 긴급하지도 않은 상황에서 팀장의 조바심으로 빠른 해결을 유도하면 그 안에서 경쟁이나 타협이 일어날 수 있습니다. 이 상황에 팀장의 역할은 파트장이 팀 전체를 생각하고 일을 할 수 있도록 관점을 크게 만들어 줘야 합니다.

갈등의 중재 상황에서는 '선택의 딜레마'에 빠지기 쉽습니다. 둘 중 하나를 선택해야 한다는 압박에서 빠져나와야 합니다. 문제를 단순화하면서 새로운 방안을 찾는 것이 필요합니다. 이때, 리더에게는 '기다림의 시간'이 요구될 수 있습니다.

정서:
화 내는 법 & 화 받는 법

우리는 관계 속에서 상대방에게 '기대'를 갖게 됩니다. 기대가 충족되면 만족감을 느끼고, 상대에게 기대한 이상을 받게 되면 감동합니다. 반대로 기대한 수준에 미치지 못할 때는 실망하거나 불만족하게 됩니다. 기대를 충족하지 못하는 상황이 반복되면 불편한 감정들이 누적됩니다. 문제를 느끼고 '이상하다', '잘못 되었다'는 생각을 하게 되면 불편한 감정이 증폭되면서 화가 납니다. 조직에서 '화'는 기대가 충족되지 않는 상황을 반복하게 하고, 상황의 개선을 강하게 느낄 때 나타납니다. 화는 누르면 없어지는 것이 아닙니다.

화 Anger

"별일도 아닌데 고함을 치고, 대답하면 자꾸 비꼬니까 말하기가 싫어요."

"갑자기 얼굴이 빨개지면서 화를 내요. 엄청 뭐라고 하셨는데. 그다음 날 미안하다고 하시더라고요. 화를 내는 것보다 다음 날 사과하시는 게 더 이상했어요."

"괜찮다고 하지만 표정에서 다 보이잖아요. 그냥 솔직히 이야기하면 좋겠는데… 엄청 불편해요."

커뮤니케이션 세미나에서 '리더의 화Anger'에 대한 이야기를 나누었을 때 나온 내용입니다.

가슴이 답답하다. 얼굴이 화끈 달아오른다. 항상 피로하다. 머리가 아프다. 잠이 잘 안 온다. 소화가 안 된다. 깜짝깜짝 놀란다. 원인 없이 불안하다. 혹시 일하면서 이런 증상을 경험한 적 있으십니까? 만약 있으시다면, '화병'의 증상을 경험하신 것입니다. 그리고 나도 모르게 구성원에게 화를 냈을 수도 있습니다.

직장인들의 화병은 감정을 제대로 표현하거나 상호 이해를 통해 해결해야 하는데, 그러지 못하고 쌓아두기 때문에 생깁니다. 그리고 직장인들의 화병은 증상이 점점 심해지는 것이 아니라 한 번에 쏟아져 나온다는 연구 결과가 있습니다. 잘 지내고 있다고 생각했는데 갑자기 부정적인 감정이 폭발하게 되는 것입니다. **직장에서는 화를 무조건 참아서도 안 되고 화를 너무 표현해서도 안 됩니다.**

성숙하게 화를 내는 방법

'화'는 누구나 느낄 수 있는 자연스러운 감정입니다. 그리고 상대에게 전해지지 않는 '화'는 의미가 없습니다. 화를 내는 목적을 정확하게 알고 있다면, 큰소리로 호통을 치거나 비난하는 것이 아니라 자신의 화나는 감정의 원인을 상대방에게 정확하게 인지시키고 문제를 해결하는 데 집중할 수 있습니다.

사람은 누구나 불안의 위협으로부터 자기 자신을 보호하기 위해 선택하는 행동, 방어기제를 가지고 있습니다. 이를 성숙한 것과 성숙하지 않는 것으로 나누는데, 우리에게 필요한 것은 성숙한 방어기제입니다. '성숙한 방어기제'란, 불쾌한 상황에 부딪히더라도 심각한 상황으로 몰아가는 일 없이 긍정적으로 전환할 수 있는 능력입니다. '성인발달연구'로 유명한 하버드 대학의 조지 베일런트 George Eman Vaillant 교수는 직장인의 '화'에 대한 연구를 통해 재미있는 결과를 발표했습니다.

첫째, 화를 자주 내는 사람은 다른 동료들에 비해 빨리 승진한다.

둘째, 직장에서 실망과 좌절감을 억누른 사람들은 승진하지 못할 가능성이 3배나 높다.

셋째, 자신의 의견을 강하게 내세울 때는 감정을 억제하는 것이 중요하다.

더불어 인간의 감정을 연구하는 학자들도 '화'와 같은 부정적인 감정은 생존을 위해 매우 중요하다고 말합니다. 감정은 제대로 표현하는 것이 중요한데, 화가 났을 때는 화를 억누르는 '무조건적인 자기 제어'를 하기보다 화가 난 것을 표현하되 이유를 상대방이 알 수 있도록 설명합니다.

그렇다면 화를 제대로 내는 방법은 무엇일까요?

첫 번째, 화를 낼만 한 것인지 아닌지를 파악합니다.

두 번째, 화를 어떻게 낼 것인지 선택합니다.

아래 내용은 소통 세미나에서 나왔던 '화, 제대로 내는 방법' 입니다.

직장인의 화, 제대로 내는 방법

- 흥분하면서 말을 시작하지 않는다.

- 일방적으로 말하지 않는다. 상대도 말할 수 있도록 한다.

- 단정적으로 말하지 않는다.

- 장소를 바꾼다.

- 화가 났다는 것을 솔직하게 말로 표현한다.

- 사람을 공격하고 비난하는 것이 아니라 문제에 초점을 맞춘다.

- 욱했을 때 바로 나오는 말을 참는다.

- '권위주의'로 화내지 않는다.

리더가 화를 내면 '권력'을 사용하는 것으로 보이기도 합니다. 혹시 내가 가지고 있는 힘Power이 더 크다고 생각해서 화를 내고 있지는 않은지, 더 큰 힘Power으로부터 화를 받고 그것을 풀기 위해 화를 내고 있지는 않은지 생각해야 합니다.

감정은 전이됩니다. 내가 낸 '화'가 우리 조직의 부정적인 문화를 형성하거나 다시 나에게로 돌아올 수 있음을 기억합니다.

반대로 화를 잘 받는 방법이 있을까?

조직에서 리더나 파트너가 '화'라는 감정을 잘 표현하면 좋겠지만 그렇지 않은 경우도 많습니다. 화를 받는 상황이 유쾌하지는 않지만 무조건 피하거나 침묵으로 버티는 것은 정답이 아닙니다. 부탁하는 방법이 있으면 거절을 하는 방법도 있듯 상대가 '화'가 났을 때 그것을 어떻게 받을 것인지를 생각해 보는 것도 사회적 관계에서 필요합니다.

조직에서 상대가 화를 내는 것은 '상대방과 나의 입장 차이'에서 오는 것입니다. 상대가 나에게 기대한 것이 무엇인지, 내가 충족시킨 것과 충족시키지 못한 것이 무엇인지를 알아야 합니다. 기대에 미치지 못해 불만족이 생겼다는 것을 알게 되면, 상대의 '화'를 감정 표출로만 생각하지 않을 수 있습니다. '앞으로 기억해야 할 중요한 피드백'으로 받을 수 있게 됩니다.

화를 잘 받기 위해 준비해야 하는 첫 번째, '화가 난 이유를 파악하라' 입니다.

화가 난 이유가 잘못된 상황 때문인지, 생각이 달라서 인지를 파악해야 합니다. 원인을 알게 되면 상대가 화를 내도 감정이 아닌, 내용에 집중할 수 있게 됩니다.

두 번째, '화를 내는 사람의 기대 사항을 파악하라' 입니다.

상대방이 늘 옳은 것은 아니지만 기대하는 사항을 파악하지 못하면 계속 부딪힐 수 있습니다. 상대를 이해하는 기회의 시간이라고 생각하면 듣는 데 조금 더 집중할 수 있고 상대의 진심을 알게 되는 시간이 될 수 있습니다.

세 번째, '자신의 몸 언어Body Language에 신경 써라' 입니다.

자신도 모르게, 혹은 일부러 표정이나 눈빛, 행동을 부정적으로 표현하지 않습니다. 부정적으로 듣고 있는 것을 상대가 알아차리는 순간, 화가 더 커질 수 있습니다. 중립적인 태도로 잘 듣고 있다는 표현을 하는 것은 상대의 화를 작게 만드는 데 도움이 됩니다.

네 번째, '화를 받은 이후 자신의 행동을 컨트롤하라' 입니다.

커뮤니케이션이 끝난 후에도 불편한 감정이 남아 있는 경우가 있습니다. 그때 해야 하는 행동은 '불편한 감정이 올라왔구나.'라고 자신의 마음 상태를 인정하는 것입니다. 그러면 마음을 정리하는 데 도움이 됩니다. 또한, 화를 낸 상대를 피하거나 다른 동료들에게 불쾌했던 상황을 공유해 조직 전체의 분위기를 나쁘게 만들어서도 안 됩니다.

개인의 마음 건강은 조직의 건강으로 전이됩니다.

화를 내거나 받을 때의 언행은 조직에서 평판이 됩니다.

'화'라는 감정을 차단하는 것보다 감정을 건강하게 표현하는 것이 필요합니다.

면담:
퇴사하겠다는데요?

"시간 괜찮으세요? 드릴 말씀 있습니다."

"혹시 오후에 잠시 면담 가능하신가요?"

다음에 어떤 말이 나올까요?

소통세미나에서 리더에게 물어보면 대부분의 대답은 이렇습니다.

"그만두겠습니다."

곧 그만 둘 것 같다고 생각했던 플레이어도 있고, 전혀 생각하지도 못했던 플레이어일 수도 있습니다. 어찌 되었건 간에 플레이어가 "그만두겠다고 면담을 요청했을 때, 어떻게 하십니까?"

"마음 결정을 끝낸 직원은 잡지 않습니다."

"무엇이 힘들었는지, 어디로 가는지 물어봅니다."

"무조건 안 된다고, 다시 생각하라고 합니다."

퇴사 면담의 중요성

상황에 따라 혹은 구성원에 따라 답변은 다양하게 나올 수 있습니다. 중요한 것은 리더의 자리에서 구성원이 조직을 떠나겠다고 할 때, 면담을 어떻게 하느냐에 따라 이후 '관계의 시간'에 영향을 줄 수 있습니다.

- 퇴사 의지가 강하지 않았는데 면담을 통해 퇴사 의지를 강하게 만들 수 있습니다.
- 면담자가 면담 내용을 다른 구성원들과 공유하면서 나머지 구성원들의 태도에 영향을 미칠 수도 있습니다.
- 퇴사 예정자의 인수인계 태도에 영향을 주게 됩니다.
- 면담으로 인해 조직의 진짜 문제를 찾을 수 있습니다. 문제 발견 및 해결로 퇴사를 하지 않게 되거나 조직을 떠나도 좋은 관계를 유지할 수 있습니다.
- 구성원의 퇴사 면담 내용이나 결과를 통해 조직으로부터 관리 능력을 평가받게 됩니다.

인재 채용이 쉽지 않습니다. 신입사원 공채보다 경력자 채용이 더 많아지고 있습니다. 조직의 문화를 익히고 성과를 만들어 내는 플레이어가 조직을 떠나겠다고 선언하는 것은 리더에게 많은 생각을 하게 만듭니다. 조직의 리더라면 퇴사 면담 요청이 오기 전, 우선적으로 생각해 봐야 할 것이 있습니다.

"우리 구성원들이 조직에 남아있는 이유는 무엇일까?"
"만약 조직을 떠난다면, 그 이유는 무엇일까?"

이러한 질문은 구성원들과의 평소 면담 시 활용합니다. 조직의 강점과 약점을 구성원의 생각으로 미리 파악해 놓는 것입니다. 질문은 구성원들의 가치관을 확인하는데도 도움이 되고, 퇴사를 생각하기 전 리더가 도와줄 수 있는 것을 사전에 준비할 수 있습니다.

퇴사를 선언하는 구성원과의 면담은 어떻게 해야 할까?

우선은, 퇴사를 만류합니다.

회유를 하거나 겁을 주는 것이 아닙니다. 구성원의 퇴사 선언은 하루아침에 결정된 것이 아닙니다. 오랜 시간 동안 고민했을 것입니다. 이런 고민의 시간을 인정해 주는 것이 필요합니다. 이것은 구성원에 대한 존중입니다.

"그래 알았어. 고민 많이 해서 이야기하는 것일 테니 내가 받아들여야겠지? 언제까지 나올 생각이지?"

이런 태도는 떠나려는 구성원에게 섭섭함을 주고, 남아있는 구성원들에게는 사람을 중요하지 않게 생각하는 리더로 판단되는 여지를 주게 됩니다.

퇴사 이유를 물어봅니다.

퇴사하는 이유는 여러 가지입니다. 정직하게 답변을 하는 경우도 있겠지만 말하지 않는 경우도 있습니다. 어떤 대답을 하느냐는 구성원의 선택이지만, 리더의 입장에서는 알아야 할 이유가 있습니다. 바로 조직의 진짜 문제를 알게 되거나 앞으로 발생할 수 있는 문제에 대한 대안을 발견하는 데 도움이 되기 때문입니다.

지금까지의 조직 생활과 업무 경험을 물어봅니다.

조직에 대한 '긍정적인 경험을 탐색할 수 있는 질문'을 합니다. 힘들었던 상황이 아니라 조직에 입사한 이유, 기억에 남는 최상의 경험, 일하면서 배운 것, 조직 구성원들과 좋았던 기억을 물어봅니다. 이런 질문을 하는 이유는 조직에 대해 좋은 기억을 할 수 있도록 도와주기 때문입니다. 퇴사 여부를 떠나 관계를 길게 본다면, 면담을 통해 좋은 기억을 꺼낼 수 있도록 도와줍니다.

하고 싶은 일이 무엇인지, 조언해도 되는지 물어봅니다.

조직을 떠나 사업을 하건 이직을 하건 구성원은 지금보다 더 나아지기 위해 퇴사를 선택하는 것입니다. 그 마음을 안다면 더 나은 미래를 준비할 수 있도록 질문합니다. 간혹 경험이 많은 리더들은 이야기를 듣다가 '현실 가능성'이나 '발생 가능한 문제점'에 대한 자신의 견해를 이야기하는 경우가 있습니다. '미래에 대한 경청자'가 되는 것이 우선입니다. 플레이어의 이야기를 들은 다음, 조언을 해도 되는지 물어보고 원한다면 이야기를 합니다. 원하지 않는 조언은 잔소리로 탈바꿈하는 경우가 많습니다. 잔소리는 하는 사람과 듣는 사람 모두에게 도움이 되지 않습니다.

리더와 퇴사를 선언한 플레이어와의 면담은 조직을 떠나느냐 남느냐의 문제 해결적 접근을 하게 됩니다. 문제 해결식 면담은 두 사람 모두에게 후회를 남기는 경우가 생길 수 있습니다. 그렇기 때문에 면담 이후에 만들어지는 '관계의 시간'이 중요하다는 것을 잊어서는 안됩니다.

플레이어의 퇴사는 퇴사 당사자와 리더, 남아있는 구성원을 비롯하여 조직 전체로 봤을 때 큰 이슈를 남기게 됩니다.

절대로 쿨하게 구성원을 떠나보내지 마십시오. 그것은 퇴사 예정자와의 '단절'을 가지고 올 가능성이 매우 높습니다. 지혜로운 리더는 관계를 먼저 끊어내지 않습니다.

감사:
일상언어 '감사' 말고 진짜 '감사'

"감사합니다."

"고맙습니다."

'감사 언어'입니다. 이메일을 보내면서 혹은 전화를 끊으면서, 회의나 면담을 끝내면서 가장 많이 사용하는 말입니다. 너무 많이 사용되어서 '의미 없는 말' 중 하나라고 불리기도 합니다. '일상적인 마무리 멘트'로 활용되고 있기 때문입니다. 우리에게는 서로의 정체성을 인정하고 동기를 유발할 수 있는 '진짜 감사'가 필요합니다.

1998년 마틴 셀리그먼 ^{Martin Seligman} 을 시작으로 긍정심리학이 시작되었습니다. 긍정심리학자들은 개인의 행복이 촉진될 수 있는 것에 집중하며 개인의 강점과 긍정적인 정서에 대한 연구를 지속하고 있습니다. 많은 연구자는 '감사'가 긍정적 정서를 유발하면서 행복을 촉진한다고 주장합니다. 여론 조사 및 컨설팅을 하는 갤럽 ^{Gallup} 에서는 미국의 청소년과 성인을 대상으로 한 연구에서 감사를 자주 표현하는 90% 이상의 사람들이 "매우 행복하다" "대체로 행복하다"는 응답을 했음을 보고하였습니다. 또한 심리학자 리처드 테데스키 ^{Richard Tedeschi} 와 로런스 캘 훈 ^{Lawrence Calhoun} 은 감사 성향이 높은 사람은 부정적으로 해석하기 쉬운 상황을 만나도 그 안에서 긍정적인 특성을 찾고 결국 자신에게 유리한 방향으로 재해석함으로써 상황에 압도되지 않는다고 이야기합니다.

감사의 말을 듣게 되면

감사의 말을 잘 표현하는 것은 꼭 심리학자의 말을 빌리지 않아도 중요하고 또 필요한 것임을 알고 있습니다. 그런데 왜 이렇게 사용이 안되는 걸까요? 바로 '당연하다는 생각' 때문입니다. 당연하다고 생각하는 순간, 우리는 상대에게 고맙다고 표현하지 않게 됩니다. 그런데 잘 생각해 보면 세상에 당연한 것은 없습니다. 조직이 구성원에게, 리더가 팔로워에게, 팔로워가 리더에게 무엇인가를 하는 것은 필요하지만 당연한 것은 아닙니다. 당연하다고 생각하는 순간, 조직은 냉소적으로 되고 로봇처럼 일하는 플레이어를 만들 수 있습니다.

진심으로 하는 '감사 언어'를 하거나 듣게 되면 뇌와 신체에는 변화가 일어납니다.

- 행복 호르몬인 세로토닌과 도파민이 분비되면서 기분이 좋아진다.
- 감사의 말을 듣게 되면 부정적인 생각이 잠잠해지고 정서적으로 안정된다.
- 비난하거나 비하하는 생각 패턴이 줄어들고 긍정적이고 수용적인 생각 패턴이 활성화된다.
- 타인에 대한 관점과 커뮤니케이션 방식이 너그러워지고 유연해진다.
- 숨어있는 잠재력을 발견하고 성취하고 도전하려는 마음을 일으킨다.
- 감사의 말은 하는 사람과 듣는 사람 모두에게 긍정적인 에너지를 만들어 준다.

조직에서 할 수 있는 감사언어

"감사합니다" "고맙습니다"를 그대로 사용하지 않아도 됩니다. 감사 언어는 인정하고 가능성을 발견하고 믿음을 표현하는 것으로 대체할 수 있습니다.

"좋은 생각입니다."

파트너에게 들어도 기분이 좋겠지만 리더에게 들으면 기분이 더 좋아집니다. 조직에서 우리는 끊임없이 생각하고 행동합니다. 그러한 생각과 행동에 대해 인정해 주는 것은 앞으로도 '좋은 생각'을 할 수 있게 합니다.

"할 수 있습니다."

어려운 상황에서 비난하고 타박하는 것은 의지를 끌어내리는 말입니다. 조직에서 결국 해내야 하는 것은 바로 '일'입니다. 그 일을 잘 할 수 있도록 가능성을 표현해 주는 것이 필요합니다. 할 수 있다고 생각하는 이유나 추가적인 아이디어는 함께 전달합니다. 주의사항은 구호 같은 '파이팅!'의 표현이어서는 안 된다는 것입니다.

"나아지고 있습니다."

조직의 많은 플레이어는 '일잘러 일 잘하는 사람'가 되고 싶습니다. 그 이유는 자기만족, 자기존중, 소속감, 인정 등의 욕구를 가지고 있기 때문입니다. 어제보다는 오늘, 작년보다는 올해, 승진하면서 지속적인 개선과 변화를 하게 됩니다. 그 과정을 인정해 주고 미래의 가능성을 긍정적으로 보고 있다는 관점을 표현해 준다면 플레이어는 성장합니다.

이 외에도 "덕분입니다." "응원합니다." "배웠습니다." "다행입니다." "도움이 됐습니다." "그렇게 하면 됩니다." "이미 잘하고 있습니다." "당신이 있어서 힘이 됩니다."의 표현들도 활용하기를 추천합니다.

감사 언어에는 진정성이 담길 수 있도록 표현합니다.
의도를 가지고 있는 감사언어를 사용하지 않습니다.
무의미한 언어가 되지 않게 합니다.
감사의 구체적인 이유를 포함하면 '감사 언어'가 더 큰 힘을 발휘할 수 있습니다.

감사, 어떻게 하면 좋을까?

감사한 마음을 가지고 표현해야 한다는 것은 알지만 실행은 쉽지 않습니다. 또 감사한 일이 있어야 표현한다는 수동적인 태도는 안 됩니다. 조직에서 관계를 형성하고 긍정적인 조직문화를 만들기 위해서는 '의도적으로 감사'를 표현하는 것도 중요합니다.

우선은 표현합니다.

말로 표현해도 좋고 글로 표현해도 좋습니다. '마음 풍선'에 담아두지 말고 '말풍선'에 담아서 상대방에게 표현합니다.

두 번째는 감사함을 발견합니다.

업무 커뮤니케이션을 하다 보면 자신도 모르게 비판자의 마음으로 상황을 보게 됩니다. 그것은 '감사함'을 발견하는 데 도움이 되지 않습니다. 의도적으로 감사함을 발견해야 합니다. 감사한 일을 발견하면 구체적으로 표현합니다. 이를 '조건부 표현'이라고 합니다. 조건을 발견하는 것은 리더에게 필요한 것입니다. 이유를 명확하게 표현할 수 있기 때문입니다.

세 번째는 '그럼에도 불구하고' 감사합니다.

조직에서 일하다 보면 '좋다'고 느끼는 경우보다 '힘들다', '어렵다'는 경우를 더 자주 만나게 됩니다. 힘들고 어려운 상황에서도 의식적으로 감사함을 찾는 것이 중요합니다. 이것은 단순히 개인에게 갖는 관점이 아니라 조직과 시장 상황에서 기회를 찾는 데도 활용할 수 있습니다. 그리고 말합니다. "당신과 함께 일하게 되어 감사합니다."

마지막으로 감사의 시간을 갖습니다.

의도적으로 노력하는 것은 자연스럽게 되는 것이 아닙니다. 의식적으로 생각하기 위한 시간을 사용하는 것입니다. 출근시간이나 점심 식사 후 짧은 휴식시간도 좋습니다. 의식적으로 감사의 마음을 만들고 기록합니다. 리더가 플레이어들의 감사한 점을 발견하고, 플레이어들이 자신의 일에서 감사한 점을 발견하는 선순환이 지속되면 조직과 업무에 대한 몰입도가 올라갈 수 있습니다. 매일 '감사일기'를 쓰면 행복 자각 훈련이 되어 마음이 건강해집니다. 마음의 편안함으로 인해 몸 건강까지 챙길 수 있습니다. 일과를 마무리할 때, '감사 언어'를 활용하는 것을 추천합니다.

CHAPTER THREE

커뮤니케이션
Re디자인

정서. Emotion Re디자인
질문. Question Re디자인
말하기. Express Re디자인
듣기. Listen Re디자인

디자인ᴰᵉˢⁱᵍⁿ 하면, 무엇이 떠오르시나요?

디자인이라고 하면 제품의 완성도를 떠올리는 경우가 많습니다. 그러나 디자인은 훨씬 더 포괄적인 개념으로 개발 계획과 그 계획에 맞추어 결과물을 만들어 내는 행위를 담고 있습니다. 즉, 디자인이란 완성을 하려는 사물이나 행위를 위한 준비 계획과 과정입니다.

커뮤니케이션 Re디자인은 커뮤니케이션에 대한 생각과 방법을 다시 디자인해보자는 의미를 담고 있습니다.

나와 나, 나와 너, 우리의 커뮤니케이션이 잘 디자인되어 있으면 오해나 갈등의 폭을 줄일 수 있습니다. 이를 위해서 '커뮤니케이션 표현'을 살펴봐야 합니다.

조하리의 창 Johari's Window

미국의 심리학자 조셉 러프트ᴶᵒˢᵉᵖʰ ᴸᵘᶠᵗ 와 해리 잉햄ᴴᵃʳʳʸ ᴵⁿᵍʰᵃᵐ 은 사람의 자아를 네 개의 창窓 이 있는 것과 같다고 설명합니다.

'조하리의 창'은 2×2 매트릭스로, 자신이 아는 영역과 타인이 아는 영역으로 나뉩니다. 이는 나도 알고 남도 아는 '열린 창', 나는 알고 남은 모르는 '숨겨진 창', 나는 모르지만 남은 아는 '보이지 않는 창', 그리고 둘 다 모르는 '미지의 창'입니다. 열린 창문이 클수록 서로에 대한 이해도가 높고 좋은 관계를 형성하고 있는 것으로 해석합니다. 열린 창문을 크게 만들기 위해서는 자신의 이야기를 많이 하고 상대의 이야기를 많이 들어야 합니다.

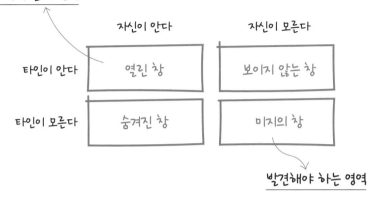

'조하리의 창'을 조직관리, 성과관리 차원으로 생각해 봅니다.

업무 현장에서는 조직 구성원들 간 '열린 창문'의 사이즈를 크게 유지하면서 지속관리하는 것이 필요합니다. 또한 조직의 성장을 위해서는 '미지의 창'이 있다는 것을 알아차려야 합니다. '열린 창'은 나도 알고 너도 알고, 우리 부서도 알고 너희 부서도 아는, 우리 모두가 알고 있는 것입니다. 열린 창에는 어떤 것이 있어야 할까요? 조직의 비전과 방향, 공동의 목표 등이 열린 창에 있어야 합니다. 조직 전체의 열린 창이 크면 '소통이 잘되고 있다'로 해석합니다. '미지의 창'은 너도 모르고 나도 모르는, 우리 부서도 너희 부서도 모르는 창입니다. 조직의 변화를 위해서 새롭게 도전하고 발견해야 하는 '문제'가 여기에 있을 수 있습니다.

자기표현 Self-Expression
'열린 창'을 크게 만들고, '미지의 창'을 알아차리기 위해서는 커뮤니케이션 표현을 할 때 파트너의 입장에서 생각해 보는 것이 우선되어야 합니다. '자기표현'은 상대방에게 불쾌감을 주지 않고 상대방의 권리를 침해하지 않는 범위에서 자신의 권리 욕구와 생각, 감정 등을 있는 그대로 솔직하게 나타내는 행동입니다. 자기표현은 3가지 유형으로 분류할 수 있습니다.

첫 번째, '표현하지 않는 유형'입니다.

다른 사람에게 자신의 감정과 생각을 표현하지 않는 경우입니다. 자신의 생각과 감정보다 이해관계나 권위, 성격 등의 이슈로 상대의 그것이 더 중요하다고 생각할 때 나오는 행동입니다. 또한 표현하지 않는다는 것은 상대방에게 인정받지 못할 것이라는 두려움으로 상대에 대한 무조건적인 수용과 자기 생각에 대한 회피가 공존하면서 나타나는 모습일 수도 있습니다. 예를 들면, 리더나 선배 파트너의 말을 무조건 수용하고 자기 생각보다는 상대의 생각을 그대로 말하거나 보고서로 작성하는 것입니다. 표현하지 않는 플레이어는 당사자나 조직 구성원 모두에게 불만족을 가져다줄 수 있습니다.

두 번째, '강요하는 유형'입니다.

자기 생각이나 감정을 상대방에게 강요하는 경우입니다. 자기 생각과 의견을 관철하면서 상대방의 생각이나 감정을 무시하는 것입니다. 강요하는 유형은 무조건적인 자기주장이나 강압적인 행동 같은 '직접적인 유형'과 외적으로 드러나지는 않지만 은연중에 표현되는 '간접적인 유형'으로 나눌 수 있습니다. 강요하는 유형은 자기 생각이 정답이라고 믿고 상대방에게 직간접적으로 표현을 하면서 대인 관계에 부정적인 영향을 미칩니다. 자기 생각만을 강요하면 그 순간에는 승리한 것 같은 감정을 느낄 수 있지만, 협업을 망치거나 관계의 문제가 발생하게 됩니다.

세 번째, '효과적으로 표현하는 유형'입니다.

자기표현을 효과적으로 하는 것은 ❶ 자기 주도성을 가지고 ❷ 상대에 대한 존중을 가지고 있는 경우 가능합니다. 자기표현을 효과적으로 하는 경우에도 갈등은 발생할 수 있습니다. 그러나 업무 목표를 달성하고 문제를 해결하기 위한 토론이 관계 갈등까지 전이되지 않습니다. 오히려 동지애가 생기고 서로에 대한 신뢰도가 높아지게 됩니다.

자기표현에서 중요한 것은 '어떠한 상황에서'입니다. 우리는 조직의 구성원으로, 주어진 역할에서 자기 표현을 할 때 효과적으로 해야한다는 것을 알고 있습니다. 자기표현을 잘해야 한다는 생각만 있고 행동하지 않거나 상황이나 사람에 따라 달라지는 것은 아닌지 살펴볼 필요가 있습니다.

조직에서 리더나 팔로워의 역할을 한다는 것은 서로에게 파트너가 되는 것입니다. 파트너들은 ❶ 말하기와 듣기를 통해 서로를 깊이 이해하고 정보를 공유합니다. ❷ 질문을 통해 일의 가치와 의미를 확장하고 문제를 발견하고 해결합니다. ❸ 그 과정에서 서로가 정서적으로 힘을 준다면 갈등이 사전에 예방되거나 더 성장할 수 있습니다. 이것이 커뮤니케이션을 통한 조직의 성장과 개인의 성장 아닐까요?

일할 때는 감정 빼고 하자?

인간은 기본적으로 합리적이지 않습니다. 일할 때 논리적으로 결정하고 이성적으로 실행하려고 하지만, 감정이라는 것이 따라오게 되어 있습니다. 혹은 감정이 선행지수처럼 먼저 발생하기도 합니다. 중요한 것은 감성과 이성의 균형을 잡는 것입니다.

직장 내에서 이루어지는 소통은 그 내용과 성격에 따라 '업무적 소통'과 '창의적 소통', 그리고 '정서적 소통'으로 나눌 수 있습니다.

직장 내 3소통

	업무적 소통	창의적 소통	정서적 소통
의미	일상적 업무 수행 경험 공유의 체계화	새로운 아이디어의 촉진 혁신을 위한 지식의 융합	직장생활의 행복 구성원들의 감성 교류
요소	• 경영진의 정보 공유 • 구체적인 지시 • 적시 보고 • 피드백의 순환	• 제안, 스피크 업 Speak up • 실패에 대한 수용 • 부서 간 협업	• 고충 이해 • 공감 • 인정과 격려

출처: 삼성경제연구소

'업무적 소통'은 조직 내 커뮤니케이션에서 가장 기본적인 것으로 일상의 업무 지시와 보고, 피드백으로 구성되어 있습니다. '창의적 소통'은 제안을 통해 조직의 창조적 성과를 이끌어내는 커뮤니케이션입니다. 마지막으로 '정서적 소통'은 상하 간 이해와 배려, 파트너 간 정서적 교류와 공감을 통해 조직 내 인간관계의 질을 제고하는 소통을 의미합니다.

삼성경제연구소에서 진행한 설문 결과를 보면, 직장인의 65.3%가 조직에서 소통이 잘 안 된다고 답변했습니다. 업무적 소통과 창의적 소통, 정서적 소통의 상관관계를 분석한 결과를 보면, 정서적 소통이 잘 될수록 업무적, 창의적 소통도 원활하게 이루어지는 것으로 나타났습니다. 이것은 조직 구성원 간 서로 배려하고 격려하는 문화가 일상적인 업무수행은 물론 창의적인 혁신 활동에도 긍정적인 영향을 미친다는 의미로 해석할 수 있습니다. 결론적으로 **조직의 지속적 성장은 '정서적 소통'을 기반으로 '업무적 소통'과 '창의적 소통'을 시행할 때 가능하다는** 것입니다. 이성과 감성의 균형을 맞추기 위해 논리적, 합리적 커뮤니케이션을 근간에 두고 감정과 정서에 집중해 보았으면 합니다.

1-1
감정을 탐구하다

'일을 잘한다'는 것은 원하는 모습 To-Be 을 위해 현재 As-Is 의 모습을 분석하고 행동 Do 하는 것입니다. 이를 위해서는 '분석적 사고'와 '이성적 사고'가 중요합니다. 그렇게 되면 자연스럽게 감정이라는 단어는 멀어지게 됩니다.

업무 현장에서 감정을 드러내는 것은 전문가답지 못하다고 생각하는 경우가 많습니다. 하지만 잘 생각해 보면 비싼 물건을 구입할 때 이성적으로 비교 분석하지만 결국엔 좋으니까 선택합니다. 조직에서 진행되는 의사결정도 마찬가지입니다. 문제 해결 및 변화를 위해 여러 가지 상황을 논리적으로 분석하지만, 결국 마음이 끌리는 쪽으로 방향을 설정하게 됩니다. 그 후에 합리적인 실행을 위해 노력합니다. 감정의 선택을 이성적 행동으로 실행하게 되는 것입니다.

도대체 감정이란 무엇일까?

'감정'에 대한 연구는 1990년대 말부터 부각되기 시작했습니다. 한국에서는 2010년대 접어들면서 감정에 대한 관심이 폭넓게 확장되었고, 현재 감정은 중요한 학문적 의제가 되고 있습니다. 감정이 뇌에서 발생하는 것인지, 심장에서 발생하는 것인지에 대한 연구부터 감정의 분류, 표현 방법, 동서양의 차이까지 다양합니다. 중요한 것은 감정의 연구가 계속될수록 감정이 사람들에게 미치는 영향이 매우 크다는 것을 알게된다는 것입니다. 그렇다면 감정이란 무엇일까요? '일'과 관련된 부분을 정리해 보겠습니다.

감정이란?!

- 인간을 성장하게 만들어 주는 것
- 감각을 통해서 느낄 수 있는 것
- 생각을 통해서 조절이 가능한 것

감정은 인간을 성장하게 만들어 줍니다

진화론적 감정 연구에 의하면, 세상에 태어난 아이가 3개월이 지나면 기쁨을 느끼고 그 이후에는 분노를 느낄 수 있다고 합니다. 인류와 함께 진화된 감정은 환경 속에서 적응과 생존을 위한 행동으로 발현됩니다. 예를 들어, 사람들은 발표하기 전 '불안감'이 생깁니다. 불안감은 '발표를 잘하고 싶다'에서 생기는 감정입니다. 이로 인해 준비를 많이 하게 되는 것입니다. 불안감의 극복은 발표를 잘하게 만들고 자신감을 형성하게 되면서 플레이어의 성장에 영향을 줍니다.

감정은 감각을 통해서 느끼게 됩니다

몸과 마음은 연결되어 있습니다. 긍정적인 감정을 느끼게 되면 얼굴에 미소가 올라오거나 눈빛이 편안해집니다. 반대로 마음이 불편한 경우에는 목과 어깨가 뻣뻣해지고 호흡이 가빠지는 등 몸의 반응을 통해 스트레스가 올라오는 것을 알 수 있습니다.

'의사결정의 피로감'이라는 것이 있습니다. 의사결정을 할 때 에너지를 사용하게 되는데, 몸이 지쳐 있으면 중요한 의사결정 자체를 포기하게 된다고 합니다. 그래서 신중한 의사결정을 해야 할 때는 몸과 마음이 편안해야 합니다. 중요한 결정을 하기 전에는 밥을 먹으라는 선배들의 조언과도 일맥상통하는 것 아닐까요? 의사결정을 감정적으로 하지 않기 위해 자신의 감정 상태를 점검하는 것이 필요합니다. 이를 위해 몸의 감각을 살펴보는 것도 하나의 방법입니다.

감정은 생각을 통해서 조절 가능합니다

감정은 통제할 수 있습니다. 자신도 모르게 순간적으로 올라오는 분노, 북받쳐 오르는 슬픔, 환희에 찬 기쁨의 표현을 조절할 수 있다는 것입니다. 감정은 짧은 순간에 만들어지기 때문에 그 순간에 어떤 선택을 하느냐에 영향을 받습니다. 이것은 생각을 통해서 감정을 발생, 유지, 강화할 수 있다는 것도 함께 생각해 볼 수 있게 합니다. 감정을 좋은 감정과 나쁜 감정으로 나눌 수는 없습니다. 모든 감정은 소중합니다. 중요한 것은 상황에 따라 감정들이 긍정적 혹은 부정적 영향력을 발휘할 수 있다는 것을 아는 것입니다. 그리고 이러한 감정의 발생은 개인적으로만 접근하는 것이 아니라 조직적으로 접근해야 하며, 이는 조직문화로 연결됩니다.

조직에서 감정을 알아야 하는 이유

"일을 하면서 기분이 좋을 때는 언제인가요? 그 이유는 무엇입니까?"

- 내가 하는 일에 대해 자신감이 있을 때
- 계획한 업무가 순차적으로 잘 진행될 때
- 작년보다 성장했다는 것을 스스로가 느낄 때
- 동료들이 응원해줄 때
- 리더에게 인정받았을 때

팀 세미나를 진행할 때 했던 질문과 나왔던 답변입니다.

팀 구성원들이 자신의 기분이 좋았을 때를 포스트잇에 작성하고 그것을 공유하면서 많이 웃었던 기억이 있습니다. 그리고 해당 팀의 리더가 이렇게 말했습니다.

"일에 대한 즐거움을 이렇게 모여서 이야기 나누는 이 시간이 참 좋습니다. 그리고 제가 우리 팀의 업무 분위기를 좋게 만들기 위해서 리더로서 놓치고 있는 것은 없는지 반성도 하게 됩니다."

업무 이야기를 하더라도 그 안에서 즐거움을 느낀다면 구성원들은 조직에 만족감을 갖게 되면서 몰입하게 됩니다. 심리학자 칙센트미하이 Mihaly Csikszentmihalyi 는 그의 저서 〈몰입 Flow〉에서 몰입은 물이 막힘없이 흘러가는 상태이며 행복의 본질적인 형태라고 설명합니다.

"Flow 활동의 최우선 기능은 즐거움을 주는 것이다. 또한 사람들이 즐기는 것은 통제되는 상황 속에 존재한다는 느낌이 아니라 어려운 상황에서 스스로 통제력을 발휘하고 있다는 느낌이다."

일상생활에서 '몰입'을 언제 많이 하는지를 살펴보면 게임할 때가 많습니다. Play!

Play는 놀이나 게임을 할 때 사용되는 단어입니다. 조직에서는 일을 담당하는 실무자를 '플레이어'라고 표현합니다. '논다.' '게임을 한다.'라는 표현은 주도적으로 즐거움을 만드는 의미로 활용됩니다. 조직에서 리더, 플레이어, 담당자로서 Play하고 있으신가요? 비디오 게임 분야에서 영향력 있는 니꼴 라자로 Nicole Lazzaro 는 4가지 재미 요소를 발표합니다. 4가지 재미는 새로움, 도전, 관계, 의미입니다.

- **새로움, 쉬운 재미**: 호기심을 느끼거나 새로움을 느끼게 하는 활동에서 오는 재미
- **도전, 어려운 재미**: 장애물을 극복하면서 어려운 목표를 달성하는 성취감을 느끼게 하는 재미
- **관계, 사람 재미**: 경쟁, 협력, 소통, 통솔 등 함께 함으로써 얻는 재미
- **의미, 진지한 재미**: 자신과 세상의 변화를 위해 활동하면서 느끼는 재미

4가지 재미를 통해서 개인이나 조직 차원에서 시도할 수 있는 것들을 발견할 수 있습니다. 업무를 하는 것이 조직의 성과를 창출하는 것에 집중되어 있지만, 업무를 하는 플레이어가 다양한 재미를 느끼게 되면 직무나 조직에 대한 몰입도가 올라가면서 선순환이 될 수 있습니다. 물론 '몰입'이 항상 긍정적인 의미로 사용되는 것은 아닙니다. 조직몰입은 있지만, 직무 몰입이 낮은 경우 혹은 그 반대의 경우에 대한 이야기도 있습니다.

'재미'는 느끼는 것입니다. 새로움을 느끼고 성취감을 느낀다는 것은 인간의 정서로 알게 되는 것입니다. 머리로 사고하면서 재미를 강요하는 것이 아니라 자연스럽게 감각적으로 느껴지는 것을 의미합니다.

'감정'은 생각을 돕습니다. 플레이어가 긍정적인 감정 상태를 잘 유지하면 새롭고 창의적인 아이디어를 자유롭게 생각해 낼 수 있습니다. 참신한 생각을 현실화하는데 서로 즐겁게 참여하면서 협업을 하게 되면, 직무만족도나 조직몰입에도 긍정적 영향을 주게 되어 선순환의 조직

문화를 만들 수 있습니다. 반대로 감정 상태가 부정적으로 유지되면, 세세한 항목에 신경을 곤두세우게 되고 서로의 실수를 발견하는 것에 더 집중하게 되는 경향을 볼 수 있습니다. 이러한 상황이 유지되면 침묵과 불안, 갈등상황이 형성되면서 조직 이탈까지 연결됩니다.

"Connecting the Dots." 스티브 잡스 Steve Jobs 가 스탠퍼드대학교 졸업 축하 연설에서 한 말입니다. 점이 모여 선이 되듯이 과거에 한 일들이 이어져 현재를 만들어 간다는 의미입니다. 조직 안에서 발생하는 개인의 감정도 조직 안에서만 작동되는 것이 아닙니다. 개인의 감정들이 서로 연결되면서 조직 내부에서 외부로, 이것은 다시 내부로 영향을 미치게 됩니다. 서로의 감정을 서로 이해하고 공감하면 내부 직원의 불만과 외부 고객의 불안을 잠재우고 조직에 대한 충성도를 높일 수 있습니다.

조직에서 느끼는 감정

기본적으로 느끼는 인간의 감정을 희로애락 喜怒哀樂 으로 설명합니다. 기쁨의 희喜, 분노의 노怒, 슬픔의 애愛, 즐거움의 락樂이 그것입니다. 또한 진화론적으로는 찰스 다윈이 1872년에 발표한 〈인간과 동물의 감정 표현에 대하여〉에서는 빅 식스 Big six 라고 불리는 인간의 기본 감정을 기쁨, 놀라움, 슬픔, 두려움, 혐오, 분노로 설명합니다. 인간의 기본 감정 분류는 어느 학자나 비슷한 것 같습니다.

평소에 어떤 감정들을 자주 접하시나요? 직장 생활에서 가장 많이 만나는 감정, 혹은 이번 주에 가장 많이 만난 감정은 무엇인가요? 자신의 감정을 알아차리는 것이 자기 조절의 시작이라고 할 수 있습니다.

인간이 느끼는 가장 오래된 감정은 불안^{두려움}이라고 합니다. '불안'의 감정은 좋다·나쁘다의 개념이 아닙니다. 불안과 두려움은 '생존'과 연결되어 있으며 이로 인해 인간은 계속 진화하고 발전된 삶을 살게 되는 것입니다. 하버드대학교 경영대학원 석좌교수인 존 코터^{Kotter, J. P.}는 변화 관리를 수행하여 성공하거나 실패한 100여 개의 회사들을 집중 분석해서 8가지 변화 원인을 규명했습니다. 이를 바탕으로 조직이 성공적인 변화를 위한 실행을 8단계로 제시했습니다. 변화관리 8단계 모델에서 첫 번째 단계는 '위기감 조성'입니다. 위기의 실상을 보여주고 '무엇인가 해야 한다'는 분위기를 조성하는 것. 바로 인간에게 아주 오랫동안 유지되고 있는 두려움이라는 감정을 통해 긴장감을 조성하는 것으로 설득하라는 것입니다.

SNS ^{Social Networking Service}에서 감정에 대해 조사한 결과를 보았습니다.

'회사에서 자주 느끼는 감정은 무엇입니까?'

긍정적인 감정으로는 일하면서 느끼는 재미, 보람, 성취감, 자부심 등이 나왔으며, 부정적인 감정으로는 실패에 대한 불안과 긴장, 짜증, 우울감 등이 있다는 것을 확인하게 됐습니다. 직장인이라면 한 번쯤은 경험해 본 감정들이 아닐까요?

'동료나 리더가 감정을 얼마나 알아준다고 생각하십니까?'

답변 내용은 '알아도 공감하지 않는다', '너무 바빠서 신경 써줄 겨를이 없는 듯하다', '내 감정 상태가 나쁠 때만 신경 써주는 것 같다'는 의견이 있었습니다. 또한, 직장인들은 대부분의 감정을 표현하지 않으려고 노력한다고 합니다. 그래서 이런 질문도 나온 것이겠지요?

'감정을 드러내지 않고 숨기는 이유는 무엇입니까?'

공유된 답변으로는 '상황이 더 악화될 것 같아서', '괜한 오해를 받기 싫어서', '불이익을 당할 것 같아서'라는 답변이 많은 생각을 하게 합니다.

사람이기 때문에 감정을 느끼게 됩니다. 그리고 감정은 자신 안에만 존재하는 것이 아니라 주변 사람과 교류하게 됩니다. 그렇다면 긍정적인 감정은 서로 나눌 필요가 있으며, 부정적인 감정은 조직 분위기 침체로 이어지지 않게 하는 것이 중요하지 않을까요?

자신의 감정과 상대의 감정을 읽는 능력은 조직의 모든 구성원에게 꼭 필요합니다.

자신의 감정 상태가 확장되거나 함께 일하는 파트너에게 전이되었을 때 발생할 수 있는 상황을 시뮬레이션 할 수 있다면 감정의 표현에 변화를 줄 수 있습니다.

유능한 리더나 지혜로운 플레이어라면 조직의 문제를 해결할 때 감정을 배제하는 것이 아니라 감정을 인지하고, 갈등 해결 및 변화에 효과적으로 대처할 수 있는 방법을 찾아야 합니다.

1-2
욕구의 다름을 존중하다

우리는 앞에서 '감정'을 살펴보았습니다. 그런데 이런 감정은 왜 생기는 것일까요? 국제 평화 단체인 비폭력 대화센터 The Center for Nonviolent

Communication 의 설립자이자 교육책임자인 마셜 로젠버그 Marshall B. Rosenberg 박사는 '우리가 느끼는 정서, 느낌의 근원을 욕구'라고 말합니다. 느낌의 좋다, 나쁘다는 욕구가 충족되었거나 충족되지 않았을 때 나타나는 것으로 설명합니다.

욕구란 무엇일까?

사전적인 의미로 욕구Need는 생물이 어떠한 혜택을 누리고자 하는 바람입니다. 즉, 인간은 욕구가 충족되지 않으면 채우기 위해 움직인다고 볼 수 있습니다. 욕구는 바로 행동하게 하는 힘입니다. 그래서 '우리가 하는 모든 행동은 다 이유가 있다'고 말합니다.

- 우리가 하는 모든 행동은 어떤 욕구를 충족하려는 시도이다.
- 욕구는 우리 내면의 긍정적인 힘으로 존중되어야 한다.
- 모든 사람은 기본적으로 대인관계 욕구를 가지고 있다.

욕구는 인간의 삶 속에서 가장 기본적인 것이며, 자신의 욕구를 아는 것이 '진정한 나'를 발견하는 것입니다. 자신의 욕구를 정확하게 알면 그것을 채우기 위한 다양한 수단을 발견할 수 있습니다. 반대로 남에게 보여지는 모습에 너무 많은 신경을 쓰다 보면, 자신이 정말 원하는 것을 몰라서 혼란스러운 경우도 생깁니다.

자신의 욕구를 잘 알고 존중하는 사람이 다른 사람의 감정을 포함한 욕구에 관심을 가지고 공감할 수 있습니다.

조직에서 충족되어야 하는 욕구

성격 심리학자 머레이 Henry A. Murray 는 인간이 가지고 있는 욕구를 '성취 욕구', '권력 욕구', '친화 욕구'로 설명합니다. 그리고 이것을 미국의 행동 심리학자인 맥클랜드 David McClelland 가 조직 차원으로 접목하여 '욕구는 퍼스낼리티에 바탕을 두며 환경과 상호작용하면서 개발된다.'고 주장하면서 '인간의 욕구는 선천적이기보다 사회 문화로부터 학습된다.'고 발표했습니다. 조직 차원으로 3가지 욕구를 정리하면 다음과 같습니다.

조직 차원의 3가지 욕구

구분	성취 욕구	권력 욕구	친화 욕구
키워드	• 다양한 사람들과 인맥 형성 • 참가, 관여, 관심 • 소속감, 존재감	• 이미 형성된 관계 • 체계, 질서, 책임, 권한 • 상Top – 하Bottom	• 이미 형성된 관계 • 친밀감, 배려, 따뜻함 • 가까운 관계
조직 행동	• 함께 업무에 기여 • 토론, 의견 교류 • 업무에 대한 팀 내 관심과 인정 필요	• 조직 내 중요한 역할 • 팀 내 자신의 권한 확보 • 역할과 규칙	• 가족적인 분위기 • 서로에 대한 충성과 헌신 • 지지, 격려

'성취 욕구 Need for Achievement'란 도전적인 일을 성취하려는 욕구, 장애 요인을 극복하고 높은 성과를 달성하려는 욕구입니다. 성취 욕구가 높은 플레이어는 자신감과 책임감이 있으며, 문제를 주도적으로 해결하고 경쟁적으로 목표를 달성하려고 노력합니다.

'권력 욕구Need for Power'란 타인에게 영향력과 통제력을 행사하고자 하는 욕구입니다. 높은 권력 욕구를 가진 플레이어는 자신이 가치 있는 사람이라고 느끼는 것을 중요하게 생각합니다. 권력과 권위를 행사하는 데 초점을 두고 있습니다. 남을 설득하거나 리딩을 통해 영향력을 행사하는데 관심이 있습니다.

'친화 욕구Need for Affiliation'란 다른 사람들과 사회적으로 친근하고 밀접한 관계를 맺고자 하는 욕구입니다. 높은 친화 욕구를 가진 플레이어는 인간관계에 관심을 많이 가지고 있으며, 혼자 일하는 것보다 관계가 있는 곳에서 함께 일하는 것을 선호합니다.

공동의 목표를 달성하기 위한 3명의 구성원이 있습니다.

함께 업무에 몰입하고 성과를 내는 데 문제가 없으면 좋겠지만, 갈등이라는 것은 인지하지 못 할 때 커지거나 부딪히기도 합니다. 구성원 A, B, C의 역할과 욕구의 크기를 보면, 어떤 문제가 발생할 수 있을까요?

프로젝트를 리드하는 A는 다른 2명에 비해 욕구 3개의 총합이 큰 편이고 성취 욕구가 매우 높기 때문에 목표 달성을 위해 활발하게 의견 교류를 하면서 프로젝트를 이끌 것으로 보입니다. 프로젝트 멤버 B는 A와 경력이 동일한 10년차이며, 성취 욕구보다 권력 욕구가 매우 높음을 확인할 수 있습니다. A와의 관계가 어떻게 만들어지는가에 따라 갈등이 유발될 가능성이 보입니다. 멤버 C는 성취 욕구가 높은 편이기 때문에 리더 A가 이끌어 주면 업무를 잘 해낼 수 있을 듯합니다. 상대적으로 친화 욕구가 매우 낮기 때문에 A, B와 친밀감을 형성하는 데 먼저 다가가는 것을 어려워할 수도 있습니다.

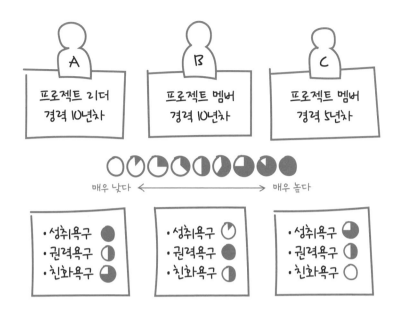

매우 낮다 ←———————————→ 매우 높다

- 성취욕구 ●
- 권력욕구 ◖
- 친화욕구 ◔

- 성취욕구 ◔
- 권력욕구 ◕
- 친화욕구 ◖

- 성취욕구 ◑
- 권력욕구 ◖
- 친화욕구 ○

3명 모두 자신의 욕구 크기를 인지하고, 서로의 욕구 크기가 다름을 알고 있으면 업무 진행 시 발생할 수 있는 갈등을 사전에 예방할 수 있습니다. 특히, 프로젝트 리더 A는 좋은 결과를 내기 위해 2명의 구성원과 예상되는 갈등을 정리해보고, 어떻게 회의를 하고, 업무지시를 하고, 관계를 형성할 것인지 고민을 해야 할 것입니다.

컴퓨터는 전원만 켜면 작동되지만, 인간은 욕구를 충족시켜야 능력을 발휘할 수 있습니다. 조직의 모든 플레이어들은 성취, 권력, 친화의 3가지 욕구를 가지고 있으며 그 욕구의 크기가 개인마다 다릅니다. 이는 상호작용을 하고 관계를 형성하면서 일을 하는 데 도움이 될 수도 있지만, 이로 인해 갈등이 유발될 수도 있다는 것을 알아야 합니다. 성취, 권력, 친화 욕구의 키워드를 보면서 자신이 중요하게 생각하는 욕구의 순위를 정리해 볼 것을 추천드립니다. 또한 함께 일하는 파트너들의 평소 언행을 생각하면서 욕구의 크기와 우선순위를 예상해 봅니다. 예상한 파트너의 욕구 크기가 틀릴 수도 있습니다. 그러나 나와 파트너의 욕구 차이를 생각해 보면 관계 형성, 갈등 예방, 협업 시 주의사항 등의 힌트를 얻을 수 있습니다.

1-3
갈등을 예방하다

일을 하다보면 난처한 상황이나 풀기 어려운 다양한 문제들이 존재한다는 것을 우리는 경험으로 알고 있습니다. 업무 중심의 갈등은 해결에 집중해서 노력하면 성과로 연결됩니다. 문제는 업무에서 발생한 갈등이 관계 갈등으로 전이·확산 되면 동료 간 믿음과 신뢰가 깨질 수도 있다는 것입니다. 업무 갈등이 관계 갈등으로 옮겨가게 되면, 향후 진행되는 업무에도 영향을 미치게 됩니다.

관계 갈등에는 감정과 욕구가 연결되어 있습니다.

긍정적 감정은 중요하게 생각하는 욕구가 채워진 것으로 봅니다. 불편한 감정은 개인과 조직이 기대하는 욕구가 채워지지 않은 것으로 해석하기도 합니다. 그렇기 때문에 이러한 감정은 채워지지 않은 욕구가 무엇인지를 발견하는 데 필요합니다.

갈등 경험

인간이기 때문에 내적 갈등과 외적 갈등이 끊임없이 일어납니다. 조직 생활을 하면서 갈등 경험에 대해 물어보면 많은 분이 '있다'고 답을 합니다. 간혹, '없다'고 답을 주시는 분들도 있는데, 그럴 때는 '없는 것 같다'는 표현이 사용되는 것을 볼 수 있습니다.

'갈등이 없는 것 같다'는 것은 ❶ 보이지 않는 거대한 빙산처럼 갈등 조짐이 숨겨져 있거나 ❷ 주변 사람들이 비판 없이 무조건으로 수용하는 것을 경험하는 경우라고 볼 수 있습니다. 또한 ❸ 잘못되었을 때 바로 잡으려고 커뮤니케이션을 해야 하는데, 그런 시도를 하지 않는 경우에도 갈등이 없다고 해석될 수 있습니다.

조직에서 갈등이 없다는 것은 서로에게 무관심하거나 의욕을 상실하거나 환경 변화에 둔감한 것으로 해석할 수 있습니다. 물론 갈등이 너무 크고 많을 경우 혼란과 분열이 야기될 수 있으며, 대립과 경쟁이 커져서 협업하기 힘들게 됩니다. 조직 내의 적당한 갈등은 변화와 도전에 대해 함께 고민하고 문제를 해결하기 위한 발전적이고 창의적인 생각을 하는 데 도움이 됩니다. 조직에서 갈등은 나쁜 것이 아닙니다. 갈등 해결 과정에서 성장하게 되고 그 결과물은 조직에 변화를 가지고 옵니다.

갈등이 나쁜 것은 아니지만 감정과 연결이 되어 있기 때문에 불편한 것은 사실입니다. 업무 현장에서 인간관계의 불편함, 짜증이나 불쾌감을 느꼈던 상황을 떠올려 보시기 바랍니다. 커뮤니케이션 세미나에서 나온 조직 내 갈등 상황을 정리해 보았습니다.

| 해야 할 일을 하지 않은 경우 | 불평불만이 많은 경우 | 커뮤니케이션 태도의 문제 |

3가지 모두 업무 갈등으로 시작하여 관계 갈등으로 전이가 될 수 있는 상황입니다. 관계 갈등까지 전이되지 않도록 하는 것이 필요합니다.

첫 번째, 해야 할 일을 하지 않는 경우입니다.

"할 수 있다", "알겠다"라고 말하지만 자신이 해야 할 일을 하지 않고 약속을 지키지 않아 주변 사람들이 힘들어지는 경우입니다. 조직에서 진행되는 업무의 대부분은 동료나 타 부서와 연관되어 있습니다. 예를 들어 회의 자료 작성을 위한 자료 취합의 경우, 누군가가 늦게 제출하면 전체 자료 작성은 지연됩니다. 기획부서에서 아무리 좋은 아이디어를 내놓았다고 하더라도 운영부서에서 진행하는 데 무리가 있다거나 협조가 안 되면 그것은 그냥 아이디어로만 머물게 됩니다. 리더가 개인의 업무에만 집중하고 팀 전체의 업무 조율을 하지 않는 것도 리더의 일을 하지 않는 것입니다.

업무 갈등이 관계 갈등으로 전이되지 않도록 하기 위해서는 어떻게 해야 할까요? **사람이 아닌 상황에 초점을 맞춰야 합니다.** '그 사람이 게을러서, 못해서, 몰라서'가 아니라 그런 상황이 발생했다는 것을 중심에 놓는 것입니다. 그리고 비슷한 문제가 발생하지 않도록 사전에 조율하거나 시간 약속 등의 룰을 공식적으로 정하는 것이 필요합니다.

두 번째, 불평불만이 많은 경우입니다.

조직에는 시스템적으로 혹은 개인적으로 불편한 상황이 있습니다. 개인과 개인, 부서와 부서의 문제점만 계속해서 제기하고 불평하면서 주변 사람들의 동조를 끌어내는 경우입니다. 불편함에 동의하는 사람들은 문제점에 대해 대화를 할 수 있습니다. 그러나 이는 해결을 위한 대화가 아니기 때문에 정신적인 피로감을 느낄 수 있습니다. 또한 불평의 시간이 많아지면 부정적인 조직문화가 형성됩니다. 이런 경우 업무 갈등이 관계 갈등으로 전이될 수도 있고, 반대로 관계 갈등에서 업무 갈등으로 전이되는 상황이 발생할 수 있습니다. 이 같은 경우에는 할 수 있는 것에 집중하는 것이 필요합니다. 불편한 상황은 '공유'까지만 진행합니다. 그리고 '무엇을 어떻게 하는 것이 좋을까'에 초점을 맞추어 커뮤니케이션하면 발전적으로 문제해결에 집중할 수 있게 됩니다.

세 번째, 커뮤니케이션 태도의 문제입니다.

커뮤니케이션을 할 때 상대가 불쾌감을 느끼게 하는 경우입니다. 자신이 무조건 옳다고 생각하고 강압적으로 주장을 하거나, 다른 사람이 말을 할 때 부정적인 리액션으로 말을 하고 싶지 않게 만드는 경우입니다. 조직 내에서 이런 상황들이 반복적으로 일어나게 되면 관계 갈등이 커지게 됩니다. 이러한 상황에서 구성원들은 어떻게 대응할까요? 소통 세미나에서 만난 분 중에는 대립하는 상황이 불편하기 때문에 말하지 않고 그 시간이 빨리 끝나기를 기다린다고 말씀하는 분들이 의외로 많았습니다. 수용하는 척하고 피하는 것이 가장 좋은 방법일까요? 관계 갈등이 커지는 상황을 막기 위해서는 갈등을 예방하는 커뮤니케이션을 준비해야 합니다.

갈등 예방 커뮤니케이션

조직 안에서 갈등이 발생했을 때, 어떻게 해야 갈등을 생산적인 에너지로 활용할 수 있을까요? 조직의 구성원은 자신의 '위치'에 따라 가면 Persona 을 쓰고 행동하는 경우가 많습니다. 그러나 **갈등을 생산적인 에너지로 활용하기 위해서는 '위치 가면'이 아닌 '역할 가면'을 써야 합니다. '역할 가면'의 다른 이름은 '할 일 가면', '행동 가면'입니다.** 그리고 이것을 서로 인정하고 받아들이는 것이 중요합니다. 자신의 위치가 아닌 역할로 상황을 보면 내가 할 일을 볼 수 있습니다. 너와 내가 할 일을 찾으면 우리의 일을 하게 됩니다.

조직 구성원들이 '우리의 일'을 하게 되면 ❶ 문제 해결을 위한 우리의 목표가 공유되고 ❷ 다양한 가능성을 인정하고 ❸ 수용하게 됩니다. 이는 ❹ 상대방의 말을 맥락에 맞춰 경청하게 도와주며 ❺ 나의 의견을 중립적으로 전달할 수 있게 됩니다. ❻ 서로 존중받게 되며 ❼ 해결을 위한 아이디어를 만들어 낼 수 있습니다.

조직에서 역할을 확인한 다음에는 정서적인 불편함이 야기되는 갈등이 발생하기 전, 예방하는 커뮤니케이션을 익히는 것이 필요합니다.

갈등 예방을 위한 커뮤니케이션, 첫 번째는 '**멈춤**' 입니다.

부정적 생각과 감정, 비난과 질책의 행동을 멈추어야 합니다. 생각은 하는 것이 아니라 하게 되는 것이라는 말도 있습니다. <u>스스로 하는 것으로 생각하지만, 주변의 상황과 사람, 평소 자신의 고정관념 혹은 신념으로 인해 생각되는 것입니다.</u> 그래서 제대로 생각하기 위한 '멈춤'이 필요합니다. 멈춤이 잘 안될 때는 공간을 바꾸거나 휴식을 취하는 것도 방법입니다. 공간과 시간을 바꿀 수 없다면, 크게 호흡을 하는 것도 추천합니다. 단, 심호흡이 한숨으로 바뀌는 것은 모두에게 좋지 않습니다. 나 자신만이 알 수 있도록 호흡을 깊고 느리게 합니다.

갈등 예방을 위한 커뮤니케이션, 두 번째는 '**목표 확인**' 입니다.

커뮤니케이션 하는 이유가 무엇인지, 갈등의 원인이 되는 '문제'를 확인합니다. 조직에서의 갈등은 대부분 문제 해결을 위해 시작합니다. 생산적인 갈등이 될 수 있도록 이견을 조율하기 위해서는 '문제'를 봐야 합니다. 우리의 목표와 나의 목표를 확인하고, 좋은 의도에서 시작되었다는 것을 생각합니다. 공동의 목표를 눈에 보이는 곳에 기록해 놓거나, 질문과 답을 통해 재차 확인하는 것도 방법입니다. 목표 달성을 위해 할 것과 하지 말아야 할 것을 사전에 그라운드 룰로 정해 놓는 것도 좋은 방법입니다.

갈등 예방을 위한 커뮤니케이션, 세 번째는 '**돌아보기**'입니다.

부서 회의가 끝난 후에는 회의록을 정리하거나, 개별 면담이 끝난 후에는 정리 메모를 합니다. 정리 메모를 통해 자기 점검을 하는 것은 향후 발생할 수 있는 갈등의 소지를 차단하는 데 도움이 됩니다. 우리의 관점이 아니라 개인적인 관점으로 문제에 접근하지는 않았는지, 우유부단하게 말하거나 단정적으로 말하지는 않았는지, 다른 의견에 대해 부정적인 리액션을 했던 것이 고정관념으로 인한 것은 아니었는지, 상대방을 비난하거나 비판하는 형태로 말을 하지는 않았는지를 생각하면서 자신의 모습을 돌아봅니다. 자신의 불편한 모습이 이미지로 떠올랐다면 다음에는 그 모습을 스스로가 통제할 수 있습니다.

갈등 상황은 누구에게나 어렵습니다.

조직에서 갈등의 유익한 점을 생각하고, 위치가 아닌 역할로, 우리의 문제를 해결하기 위한 것임을 놓치지 않는다면 대립이 되는 구조에서도 생산적인 결과물을 만들 수 있습니다.

긍정적인 조직문화를 형성하면서 일하고 싶지만 내 마음 같지 않을 때가 종종 있습니다.
인간은 욕구를 가지고 있기 때문에 이로 인해 발생하는 감정들은 우리에게 갈등이라는 것을 경
험하게 합니다. 목표 달성을 위한 업무 갈등이 정서적인 관계 갈등으로 전이되지 않게
서로의 다름을 이해하는 것이 필요합니다.

✔ 업무 현장에서 '감정'을 잘 다뤄야 하는 이유는 무엇인가요?
✔ '이성과 감성의 균형'을 위해 어떤 노력을 하고 있나요?
✔ 공감을 잘하면 구체적으로 어떤 점이 좋을까요?
✔ '정서 관리, 이렇게 해야 한다'를 가까운 파트너에게 조언해 준다면 어떤 말씀을 하시겠어요?

───────────────── Reflection note ─────────────────

짧지만 강력해서 기억에 남는 한마디, "물음표 앞에는 도발적인 세계관이 들어가 있다."

건축가 서현 교수님의 특강에서 만난 문장입니다. 어떠신가요? 저는 이때부터 '물음표'에 대해 관심을 가진 듯합니다. 건축과 관련된 이야기를 하면서 도서관은 어떤 곳이라고 생각하는지 물음표를 주셨습니다. 청중들은 도서관을 생각을 정리하는 곳, 창의성을 기르는 곳, 선인들의 생각을 만날 수 있는 곳, 휴식이 있는 곳…… 등의 다양한 답변을 했습니다.

한 명이 물었습니다. "교수님이 생각하는 도서관은 어떤 곳인가요?"

교수님의 대답, "도서관이란 책을 아주 조용히 만나는 곳이며, 지식을 통제하는 공간입니다."

답변을 듣는 순간, 숨이 멈추는 것 같았습니다. 교수님의 물음표는 느낌표를, 그리고 또 다른 물음표를 만들어 내는 것을 확실하게 느꼈기 때문입니다.

우리는 생각하는 삶을 살고 있습니다. 생각하는 삶이 언제부터 시작되었는지는 모르지만 개인의 삶이 끝나는 순간까지는 유지될 것입니다. 사람의 생각이 '마음 풍선'에만 머물러 있으면 그냥 사라집니다. 깊이 있고, 의미 있는 생각들이 '말풍선'을 통해 실현 가능한 세상으로 나와야 힘이 생기고, 삶과 연결됩니다. 이러한 **생각을 세상 밖으로 꺼내는** 도구가 바로 '질문'입니다.

호기심과 질문

"왜?" 아이들은 끊임없이 물어봅니다.

그리고 나이가 들수록 질문은 줄어듭니다. 실제로 궁금한 것이 없을 수도 있고, 있다고 하더라도 그냥 넘어가는 것입니다. 인간이 나이가 들면 궁금한 것이 없을까요?

'인간의 역사를 호기심의 역사'라고도 합니다. 인쇄술이 발달하면서 사람들은 글을 통해 지적 호기심을 채우기 시작했습니다. 오늘날은 인터넷 환경이 호기심을 충족시키기에 최적입니다. 검색 포털에서 키워드를 입력하고 엔터만 치면 정확한 답, 다양한 답, 생각하지 못했던 답들을 볼 수 있습니다. 이제는 답을 인공지능 A.I. ^{Artificial Intelligence} 가 찾아주는 시대입니다. 호기심을 채우는 검색되는 '답'도 중요하지만, 변화를 가져오는 '좋은 질문을 할 수 있는 능력'이 더 중요해지고 있습니다.

기업의 경영인들도 좋은 인재의 특성 중 하나를 '호기심'이라고 말합니다. 호기심을 가진 구성원들이 조직을 변화시킨다고 보기 때문입니다. 실제로 하버드 대학교 연구진들이 다양한 기업 및 업계에 종사하는 직원 약 3,000명을 대상으로 한 설문 조사에서 '호기심'이 '직업 만족도와 동기 부여, 혁신, 성과'를 끌어올린다고 답한 응답자가 전체의 92%에 달했다고 합니다. 호기심은 플레이어들의 참여와 협력을 북돋아 줄 수 있습니다. 불확실성과 압력에 직면했을 때 문제를 창의적으로 해결할 수 있게 함으로써 조직의 회복탄력성을 강화해 줍니다. 또한, 고정관념과 확증편향에 사로잡힐 위험을 낮춤으로써 의사결정 능력을 향상시켜 줍니다. 조직에서 성장하고 성취하는 플레이어가 되기 위해서는 호기심을 가지고 생각해야 합니다. 그리고 해결을 위한 질문도 해야 합니다. 그렇게 질문과 답이 축적되면 개인도 성장하고 조직도 성장합니다.

2-1
질문은 변화의 시작이다

질문은 조직에서 어떤 힘을 발휘할까요? **질문은 문제 해결 능력을 높이는데 도움이 됩니다.**

문제를 해결하기 위해서는 우선 무엇이 문제인지부터 알아야 합니다. 문제를 발견했다면 질문을 통해 해결방안을 찾습니다.

"질문이 정답보다 중요하다. 올바른 질문을 찾고 나면, 정답을 찾는 데는 5분도 걸리지 않을 것이다."는 아인슈타인 Albert Einstein 의 명언이나 "질문으로 파고든 사람은 이미 그 문제의 해답을 반쯤 얻은 것과 같다."는 베이컨 Francis Bacon 의 말처럼, 질문을 통해 우리는 문제를 '잘' 해결해 낼 수 있습니다.

조직에서 질문하지 않으면 어떤 일이 생길까요?
커뮤니케이션 세미나에서 '질문하지 않으면 조직에서 어떤 일이 벌어질까'를

주제로 이야기를 나눈 적이 있습니다. 내가 소속되어 있는 조직을 생각

하면서 기록해 볼까요?

'내가 있는 조직에서 '질문'이 없다면 어떤 일이 생길까요?'

리더가 질문하지 않고 지시만 한다면?

- 모든 것을 세세하게 지시해야 하고 리더가 바빠진다.

- 구성원들의 생각을 알 수 없기 때문에 관계 형성, 신뢰 형성이 어렵다.

- 조직의 발전이 더디다.

- 리더의 생각만큼만 조직이 움직이게 된다.

- 플레이어들을 수동적으로 만든다.

팔로워가 질문하지 않고 업무를 한다면?

- 업무 지시만 기다린다.

- 업무 지시 사항을 놓치지 않기 위해 메모한다.

- 말수가 적어진다.

- 생각할 필요가 없기 때문에 변화를 위한 주도성을 발휘하지 못하게 된다.
- 모든 것은 리더의 지시에 의한 것이다. 책임질 필요가 없다.

질문의 힘

리더와 팔로워가 조직 문제를 해결하기 위해서는 질문이 필요합니다. 질문은 어떤 힘을 가지고 있을까요?

질문은 관점을 확장 시킬 수 있습니다.

사람들은 자신의 가치관과 경험을 통해 현상을 봅니다. 자신만의 시선으로 세상을 보고 문제를 해석한다면 잘못된 결과를 가져올 수 있습니다. 질문을 한다는 것은 타인의 관점으로도 현상을 보는 것, 즉 다양한 해석을 할 수 있는 힘을 가지게 되는 것입니다. 업무 현장에서는 어떨까요? 리더의 관점과 팔로워의 관점이 다를 수 있습니다. 부서마다 관점이 다를 수 있습니다. 또한 조직 안의 상황만이 아닌 고객, 경쟁사, 시장의 변화로 다양한 관점이 존재합니다. 질문을 통해 다양한 관점을 확인하고 현명하게 답을 찾아가는 것이 절대적으로 필요합니다.

질문은 미래의 가능성을 발견할 수 있습니다.

변화 심리학의 최고 권위자이자 동기부여가, 〈내 안의 잠든 거인을 깨워라〉의 저자인 앤서니 라빈스 Anthony Robbins 는 "우리가 부딪히는 한계에 대해 제기하는 질문은 삶의 장벽들 비즈니스, 대인관계, 그리고 국가 간의 장벽을 무너뜨린다. 나는 모든 인간의 진보가 새로운 질문에서 비롯된다고 믿는다."고 말합니다. 질문의 가치를 온 몸으로 체험한 앤서니 라빈스는 매일 자신에게 질문을 했다고 합니다.

"이 일에서 좋은 점은 무엇인가?"

"내가 이것을 어떻게 기회로 활용할 수 있을까?"

플레이어가 이 질문에 대한 답을 생각하면서 일을 하면 무엇을 얻을 수 있을까요? 자신이 하는 일에 대해 가치를 발견하고 기회를 만들 수 있는 방법을 찾지 않을까요? 또한, 조직의 리더가 구성원에게 이 질문을 한다면 어떨까요? 리더의 입장에서는 구성원의 성장에 지속적인 영향력을 발휘하게 됩니다.

우리가 기억해야 할 것은 조직에서 '질문'은 미래를 만들어가는 중요한 도구이며, 개인의 배움과 성장을 촉진시킨다는 것입니다.

2-2
질문하는 방법을 알다

2015년 미국 소비자 심리 학회지에 '질문이 행동에 영향을 주게 된다.'는 연구 결과가 발표되었습니다. 캘리포니아 주립대학, 뉴욕 주립대학 등 4개 대학의 연구진이 '질문·행동 효과Question-Behavior Effect'와 관련한 40년 동안의 주요 연구를 종합적으로 분석했습니다. 연구 결과, **사람들에게 특정 행동을 하는 데 영향을 주는 것은 '명령'이 아니라 '질문'**이라고 발표합니다. 이는 행동 변화의 이유가 질문을 받고 답하는 과정이 일종의 약속을 하는 것과 같은 심리적 반응을 끌어내기 때문이라고 설명합니다. 예를 들면, "술 마시고 운전하면 안 돼!"라고 말하는 것보다 "술 마시고 운전할 거니?"라는 질문이 답변자의 행동에 스스로 선택하는 긍정적인 약속을 하게 된다는 것입니다. 연구 논문 제1 저자는 질문에 대해 '질문은 간단하지만 다양한 분야에서 지속적이고 중요한 행동 변화를 일으키는데 효과적인 기술'이라고 말합니다.

좋은 질문?!

"아이에게 뭐가 되고 싶은지 묻지 말고, 무슨 문제를 해결하고 싶은지를 물어보세요. 그럼 질문은, 누구를 위해 일할 것 인지에서 문제해결을 위해 무엇을 배워야 하는지로 바뀝니다."

    SNS에서 본 구글의 어떤 직원의 이야기입니다.

모든 질문은 좋은 질문입니다.
그러나 모든 질문이 다 의미 있는 답을 찾는 것은 아닙니다.
그래서 어떻게 질문하는지가 중요합니다.

    질문이 심리적 반응과 생각을 일으키는 좋은 도구로 활용되면, 문제를 바라보는 관점에 영향을 주고 인간관계와 조직 성과에도 영향을 줍니다. 반대로, 질문 도구를 제대로 활용되지 못하면 불편한 결과를 만들기도 합니다.

    질문을 이야기할 때, 도로시 리즈 Dorothy Leeds 의 〈질문의 7가지 힘〉이 많이 인용됩니다.

첫째, 질문을 하면 답이 나온다.

둘째, 질문을 하면 생각을 하게 된다.

셋째, 질문을 하면 이유에 대한 정보를 얻는다.

넷째, 질문을 하면 통제가 된다.

다섯째, 질문은 상대방의 마음을 열게 한다.

여섯째, 질문은 경청하게 한다.

일곱째, 질문에 답을 하다 보면 설득이 된다.

커뮤니케이션 세미나 시간에 도로시 리즈의 '질문을 하면 답이 나온다.'를 '질문을 하면 [   ]가이 나온다'로 빈칸 채우기를 진행하였습니다.

[   ] 안에는 어떤 단어를 넣을 수 있을까요?

세미나에서는 창의적이면서 다양한 답을 확인할 수 있었습니다.

'답'을 포함하여, '욕', '추가 업무', '관계', '커피값', '밥 살 일', '불만', '설명', '잔소리', '째려봄', '찾아봐', '몰라', '귀찮음'…

답변을 보면서 '질문'을 바라보는 '관점'을 생각해 보게 되고, '제대로 해야 함'도 확인하는 계기가 되었습니다. 질문으로 현답과 정답을 찾기 원한다면 그에 맞는 좋은 질문이 필요합니다. 좋은 질문은 어떤 것일까요?

심사숙고의
시간

순수한 의도

명확한
표현

좋은 질문은 심사숙고의 시간을 가지고 있습니다

감각적으로 반응하듯 급하게 세상 밖으로 던져지는 질문이 좋은 질문은 아닙니다. 논리적인 생각과 지혜로운 생각을 만나기 위해서는 질문도 준비되어야 합니다. 몰라서 물어보는 것이지만 고민하고 질문해야 합니다. 고민 없는 질문은 의미 없는 답을 불러올 수 있습니다. 이것은 질문자나 답변자 모두에게 의미 없는 단어들의 내뱉음이고 시간 낭비가 될 수 있습니다.

"너희들은 죽은 뒤 어떤 사람으로 기억되기를 바라느냐?"

인문경영학의 아버지, 작가이자 경영컨설턴트, 교수였던 피터 드러커 Peter Ferdinand Drucker 에게 영감을 주었던 질문입니다. 13살, 수업 시간에 필리글러 신부가 아이들 이름을 하나하나 불러가며 물었다고 합니다. "나는 너희들이 질문에 대답할 수 있을 것으로 기대하지 않았다. 그러나 50세가 될 때까지도 여전히 이 질문에 대답할 수 없다면, 그 사람은 인생을 잘못 살았다고 봐야 할 것이야."

좋은 질문은 숙고의 시간을 통해 세상 밖으로 나오지만, 답변자에게도 의미 있는 답을 찾을 수 있도록 숙고할 수 있는 시간이 주어져야 합니다. 업무 현장에서 할 수 있는 심사숙고의 질문은 어떤 것이 있을까요?

"1년 뒤에는 어떻게 성장해 있을까요?"
"작년보다 더 나아진 것은 무엇이며, 내년에 더 나아지게 할 것은 무엇입니까?"
"파트너들이 어떤 별명을 붙여주면, '직장생활 잘했구나'라고 생각할 수 있을까요?"
"과거의 내가 지금의 나에게 칭찬해주고 싶은 것이 있다면 그것은 무엇입니까?"

"조직을 떠나게 되면 어떤 사람으로 기억되기를 바라십니까?"

조직의 리더가 플레이어와의 커뮤니케이션에서 진정성 있게 이런 질문을 해 준다면 플레이어들은 자신이 중요하게 생각하는 것, 의미 있는 답을 찾기 위해 노력할 것입니다. 단, 즉답을 요구해서는 안 됩니다. 정기적인 면담 시간이나 연초나 연말에 리더가 플레이어에게 생각의 시간을 만들어 주는 것은 의미가 있습니다. 그리고 이는 리더의 조직관리 차원에서도 해야 하는 행동입니다.

좋은 질문은 순수한 의도를 가지고 있습니다

모든 질문은 의도가 있습니다. 정보를 원하거나 상대의 의견이 궁금할 때 질문을 합니다. 또한, 상대와 다른 의견을 가지고 있거나 상대가 틀렸음을 밝히기 위한 질문도 있습니다. 순수한 질문이 아니라 반대 의견을 표현하기 위한 질문은 답변자로 하여금 불편한 마음을 갖게 할 수 있으며, 질문자가 원하는 답변도 얻을 수 없습니다. 질문을 하기 전에 질문의 의도가 무엇인지 명확하게 확인하고, 자신의 의도가 몸 언어 Body Language 로 어떻게 보이는지도 점검해야 합니다.

여기에 두 개의 질문이 있습니다.

질문은 비슷해 보이지만 다른 질문임을 알 수 있습니다.

- 비용 인상을 억제하려면 어떤 조치를 해야 하나요?
- 비용 인상을 억제하려면 어떤 조치를 할 수 있다고 생각하시나요?

첫 번째 질문은 '어떤 조치'에 초점이 맞춰진 'How 답변'을 듣게 될 확률이 높습니다. 두 번째 질문은 어떤가요? 마찬가지로 'How 답변'을 들을 수도 있지만 '할 수 있다고 생각하는가?'에 초점을 맞추게 되면 질문의 의도가 달라집니다.

'내가 이 질문을 하려는 이유는 무엇일까?'

마음 속에 질문이 올라왔을 때, 그것이 진짜 질문인지 아니면 질문을 가장한 주장을 하고 싶은 것인지 구분해야 합니다. 질문의 '진짜 여부'를 확인하게 되면 표현법이나 타이밍에 변화를 줄 수 있습니다.

즉각적인 성과를 내야 하는 리더의 질문은 '문제'에 집중합니다.

성찰의 답을 찾는 데 도움을 주는 코치나 멘토의 질문은 '사람'에 집중합니다.

직원을 채용하는 면접관의 질문은 '회사의 가치관과 개인의 가치관의 합'을 찾기 위해 집중합니다.

우연히 면접을 다녀온 친구의 글을 보았습니다.

'실망. 그것은 아르바이트의 면접과 다르지 않았다.'

면접관은 어떤 태도로 어떻게 질문했을까요?

자신의 상황과 위치에서 어떤 의도를 가지고 질문을 하고 있는지 잊어서는 안 됩니다.

우리가 질문하는 이유는 답을 구하기 위해 하는 것입니다.

좋은 질문은 명확하게 표현됩니다

질문을 너무 길고 장황하게 하다 보면, 질문의 목적을 놓치게 됩니다. 무엇을 얻고자 하는 것인지 정리되지 못하면 질문자나 답변자 모두 답답해질 뿐입니다. 적절한 답변을 기대한다면 질문의 범위를 좁히고 대답이 나올 수 있는 구체적인 질문을 합니다.

"자료 발표 잘 들었습니다. 질문을 좀 드리자면, 제가 생각하기에는 원인분석 자료에서 제시한 내용은 작년 기준으로 살펴보았을 때 이러저러한 것 같은데, 그게 맞는 것인지 확인이 필요합니다. 또한, 타사에서는 이러저러하다고 했는데, 구체적으로 어떤 차이가 있는지 궁금합니다. 지난주 ○○팀 보고서에서 제기했던 이슈와는 어떤 차이가 있는지도 알았으면 합니다. 그리고 이러이러한 부분은 필요가 없을까요?"

질문자는 자신이 원하는 답변을 잘 들을 수 있을까요? 질문이 많다는 생각이 들면 '질문 리스트'를 작성해 보는 것이 도움이 됩니다. 작성한 질문 리스트를 보면, 질문 순서의 흐름이 잡히고 의미 없는 질문도 확인하게 됩니다. 질문 리스트를 매번 작성할 수는 없겠지만, 작성한 리스트를 분석해 보면 자신의 질문 패턴을 확인할 수 있습니다. 업무에도 프로세스가 있듯이, 질문에도 흐름과 맥락이 있음을 알고 체계적으로 접근합니다.

어떻게 질문해야 할까?!

업무를 하면서 질문을 했든 받았든 그 상황들을 떠올려 봅니다. 커뮤니케이션 세미나에서 나왔던 '직장인의 질문법'을 정리하면 다음과 같습니다.

직장인의 질문법

• 솔직하게 물어야 한다

정말 궁금한 것인지 생각한 후에 솔직하게 물어봐야 합니다. 자신이 가지고 있는 정보를 솔직하게 오픈하지 않고 질문하거나 자신의 의도를 숨긴 채 질문하면, 필요한 답을 얻지 못할 가능성이 커집니다. 질문과 답 안에서 제대로 된 '아하!'를 느낄 수 있으려면 원하는 것이 무엇인지를 나도 알고, 상대도 알 수 있게 질문합니다.

• 답을 가지고 있는 사람에게 물어야 한다

질문이 발생하면 그 질문에 답을 줄 수 있는 사람을 찾아야 합니다. 그런데 우리는 종종 답변을 가지고 있는 사람이 아닌 가까운 자리에 있는 사람, 혹은 친한 사람에게 물어봅니다. 그리고 그렇게 얻게 된 잘못되거나 부족한 정보를 가지고 일을 합니다. 내 질문이 명확하면 답변자도 결정됩니다. 또한, 다양한 의견을 위해서는 한 사람에게 집중적으로 질문하는 것이 아니라, 또 다른 답변자를 찾는 적극적인 행동도 해야 합니다.

• 질문의 타이밍을 잡아야 한다

의사결정자의 감정 상태를 체크하면서 보고하는 것처럼, 질문할 때도 타이밍이 있습니다. 상대방이 너무 바쁘거나 업무로 인해 스트레스가 많아 보일 때는 질문하지 않습니다. 그렇다면 질문 타이밍은 언제일까요? 사실, 구체적인 시간은 없습니다. 단, 지시를 받는 경우에 질문을 할 수 있다는 여지를 미리 밝히는 것은 필요합니다. 사전에 질문 가능성에 대한 여지를 밝혀 두었다면, 파트너의 상황이 좋지 않더라도 질문 타이밍을 잡기가 수월합니다. 질문의 기회가 생기면, 상대방에게 시간을 얼마나 할애할 수 있는지도 파악합니다. 그렇지 않으면, 몸은 여기에 있지만 다른 업무로 인해 마음이 딴 데 있는 상태에서 질의응답이 이루어지거나, 촉박한 시간으로 인해 커뮤니케이션이 끊어질 수도 있습니다.

• 글이나 문서로 질문해야 할 때도 있다

거리 상 문제가 있다거나 많은 사람의 의견이 필요할 때는 메일이나 메신저, 문서를 통해서도 질문을 할 수 있습니다. 대면 질문의 경우에는 답을 얻으면서 말 언어 Verbal Language , 몸 언어 Body Language 의 뉘앙스까지 답변으로 채택을 할 수가 있습니다. 그러나 글로 된 질문이나 답변은 읽는 사람의 마음으로 해석되기 때문에 정확하게 전달되지 않을 수 있습니다. 글은 한 번 발송되는 순간 수정하기 어렵습니다. 발송하기 전 상대방의 마음으로 읽어봐야 합니다.

• 감사 인사를 꼭 해야 한다

리더에게 혹은 파트너에게 질문하면 고맙다는 인사를 합니다. 답변한다는 것은 질문자를 위해 시간과 생각을 할애한 것입니다. 조직에서 답변하는 것이 당연한 경우는 없습니다. 또한 답변이 마음에 들지 않는다고 감사 인사를 하지 않는 것은 말도 안 됩니다. 감사 인사는 다음 질문에도 영향을 주게 됩니다. 업무 질문은 일회성으로 끝나지 않습니다. 내가 하는 질문은 언제든 지속될 수 있음을 기억합니다.

2-3
셀프 Q, 나에게 묻다

성장형 사고방식 vs 고정형 사고방식

미국 스탠퍼드 대학의 심리학자, 캐롤 드웩은 Carol S. Dweck 은 성공에 대해 사람들이 두 가지 관점을 가지고 있다는 것을 발견했습니다. 그것은 '고정형 사고방식 Fixed mindset '과 '성장형 사고방식 Growth mindset '입니다.

고정형 사고방식
(Fixed mindset)

성장형 사고방식
(Growth mindset)

'고정형 사고방식 Fixed mindset'이란, 지능과 성격은 타고나는 것이며, 사람의 지능은 태어날 때부터 정해져 있기 때문에 딱 그만큼만 성취할 수 있다고 생각하는 것입니다. 반면, '성장형 사고방식 Growth mindset'은 두뇌를 훈련함으로써 지속해서 성장, 변화할 수 있음을 말합니다. 드웩 교수는 '성장형 사고방식'을 가진 이들은 어려운 문제를 해결하기 위해 여러 번 시도하고 실패하더라도 개의치 않으며 오히려 실수를 통해 배우고 그 결과 더 나은 결정을 내린다고 합니다. 실패를 좋아하는 사람은 없습니다. 하지만 실패는 한 발짝 더 나아가는 데 필요한 '성장 자극'이 될 수 있습니다. '자극'을 받고, '답'을 찾아가는 과정에서 '성장'할 수 있습니다.

실패를 경험한 사람이 자기 생각과 감정을 방치하면서 '무력감'에 빠지는 경우를 보게 됩니다. 그 상태가 유지되면 소속이나 관계에서 '회의감'을 느낄 수 있으며, 자신이 가지고 있는 잠재력을 발견하지 못할 수도 있습니다. 결국, 슬럼프에 빠지게 되는 것입니다. 필요한 것은 '자극'입니다. 고정형 사고방식에 빠지지 않기 위해서는 지속적인 자극이 필요합니다. 질문이 자극제가 될 수 있습니다.

셀프 Q.

질문은 자극입니다. 일반적인 자극이 아닌 발전적인 자극이 되기 위해서는 '그냥 질문' 보다는 촉진하는 '발견 질문'이 더 좋습니다. 피뢰침을 발명한 미국의 정치인, 벤자민 프랭클린 Benjamin Franklin 은 평생 자기 자신에게 두 가지 질문을 했다고 합니다.

- 아침에 하는 질문, "오늘 나는 무슨 좋은 일을 할 것인가?"
- 잠들기 전에 하는 질문, "오늘 나는 무슨 좋은 일을 했는가?"

출퇴근하면서 스스로 질문한다면, 오늘이라는 시간 안에서 좋은 일을 발견하거나 노력하지 않을까요? 스스로 자극을 주기 위한 규칙적인 셀프 질문은 삶의 모습에 변화를 줄 수 있습니다.

직장 생활을 하면서 기획 보고를 해야 하는 경우가 있었습니다.

보고를 하니, 리더가 물어봅니다. "이거 왜 하지?"

나름의 답변은 했지만 미덥지 못했다는 생각에 조금 더 고민하고 다시 보고했습니다.

리더가 다시 물어봅니다. "그런데 이거 왜 하는 거지?"

그렇게 몇 번의 "왜?" 질문을 받은 다음, 업무는 진행되었지만 마음이 많이 무거웠습니다. 그 뒤로 일을 하면서 스스로 질문하는 습관이 생겼습니다.

'이거 왜 하는 거지?'

이 질문은 업무의 전체 그림과 디테일을 함께 챙기는 데 활용되었습니다. 시간이 지나고 질문에 대해 고민을 하면서 '왜? 질문'의 힘을 더 크게 알게 되었습니다. 또한, '왜? 질문'은 상대에게 전달되면 무거운 질문, 아픈 질문이 될 수 있지만 자기 자신에게 하게 되면 성장 질문이 된다는 것을 알게 되었습니다.

'아침 질문', '저녁 질문', '왜? 질문'

규칙적으로 하는 셀프 질문은 자신의 모습을 관찰하고 성장하게

Goal	Reality	Options	Will
무엇을 원하는가?	현재의 상황은 어떠한가?	가능한 대안은 무엇인가?	무엇을 해야하는가?

만드는 데 도움이 됩니다.

성장을 위한 GROW 질문

업무 현장에서 셀프 점검하는데 활용할 수 있는 GROW 질문을 소개합니다. 영국에서 개발된 GROW 질문은 목표달성을 위한 체계적인 질문 프로세스로 조직에서 사용되고 있습니다. Goal ^{목표}, Reality ^{현실}, Options ^{대안}, Will ^{실행} 의 4가지를 물어보는 것으로, 업무상 발생하는 문제를 찾거나 해결하기 위해 활용하면 많은 도움이 될 것입니다.

Goal은 원하는 바를 구체적으로 설정하기 위한 단계입니다. 우리는 가끔 일하면서 이 일을 왜 하는지, 어떤 결과를 생각하는지 모르고 일을 위한 일을 하는 경우가 있습니다. 그렇게 막연하게 일을 하다 보면 어느 순간, 덜컥! 하고 멈추게 됩니다. 그럴 때는 바쁜 머리와 손을 멈추고 물어봅니다.

"오늘 오전에 내가 정말 집중해야 하는 것은 무엇인가?"
"내가 지금 꼭 해결해야 하는 것, 해결하고 싶은 것은 무엇인가?"
"여러 가지 이슈 가운데 내가 집중해야 하는 가장 중요한 것은 무엇인가?"

"이 결과는 나에게 어떤 의미가 있는가?"

Reality는 목표 달성을 위해 내가 가진 자원과 장애물을 탐색하는 단계, 즉 현실을 드러내는 단계입니다. 여기에서는 현재를 정확하게 바라보는 것이 필요합니다. 사실을 중요하게 생각하는 업무 현장이지만 간혹 현실을 가상으로 상상하면서 바라보기도 합니다. 보고 싶은 대로 보는 것입니다. 현실을 직시하고 바라볼 때 드러나는 불편함이야말로 목표를 방해하는 '진짜 장애물'입니다. 장애물이 너무 많을 것을 걱정하게 되면 장애물의 발견을 주춤하게 됩니다. 드러난 장애물이 많다는 걱정은 하지 않아도 됩니다. 장애물을 정확하게 확인하지 못하는 것이 더 큰 문제이기 때문입니다. 현재를 다 드러내야 합니다. 그렇게 현재의 모습을 들여다보면 장애물도 보이지만, 그것을 해결할 수 있는 내가 가지고 있는 자원도 확인됩니다. 장애물과 자원을 함께 찾을 수 있는 냉철한 질문을 할 필요가 있습니다.

"무엇 때문에 지금의 문제가 일어나고 있는 거지?"
"보고 준비에서 내가 놓치고 있는 것은 무엇이지?"
"이 일의 성과를 위해 내가 발휘할 수 있는 강점은 무엇일까?"
"지금까지 내가 시도해 본 것은 무엇인가?"

Options은 변화를 가져오거나 대안을 찾을 수 있는 행동을 탐색하는 단계입니다. 여기에서는 다양한 방법을 꺼내는 것이 중요합니다. 그리고 리스트에 다 적었다는 생각이 들었을 때, '여기에 한 가지만 더 넣는다면?'이라는 마음으로 최대한 많은 방법을 뽑아내는 것이 필요합니다. 충분히 다양한 방법들을 찾았다고 생각하면 다음 질문으로 넘어가면 됩니다.

"목표를 이루기 위한 방법들은 무엇이 있는가?"

"도움을 받을 수 있다면 누가 있을까?"

"실행해 보지 않은 것이 있다면 그것은 무엇인가?"

"전혀 다른 관점으로 한 가지만 더 생각해 본다면 어떤 것이 있을까?"

Will은 실행 의지를 확인하는 단계입니다. 목표를 이루려면 반드시 해야 하는 것이 행동입니다. 당장 할 수 있는 행동을 찾는 질문을 합니다.

"지금 당장 나는 어떤 행동을 해야 하는가?"

"잘 해냈다는 것을 나 스스로 어떻게 측정할 것인가?"

"언제쯤 중간 점검을 하는 것이 좋을까?"

"나의 실행 의지는 몇 점인가? 나의 실행 의지를 높이기 위해 무엇이 필요한가?"

GROW 질문은 얼마나 진심을 담아서 숙고하느냐에 따라 자신의 업무 성과뿐 아니라 조직에서의 태도 변화, 혹은 삶 전체에도 영향을 줄 수 있습니다. 자신의 성장을 촉진하기 위해서는 남이 질문을 잘 해 주는 것도 좋지만, 스스로 체계적인 질문을 통해 답을 찾아간다면 새로운 자신을 발견할 수 있습니다.

계속 적어 보기

우리는 보통 컴퓨터 앞에서 일을 합니다. 컴퓨터를 활용하다 보면 답을 찾아가는 과정에서 '생각'을 하기보다 '검색'을 하는 것에 시간을 더 많이 사용하게 됩니다. 스스로 질문할 때는 컴퓨터 앞 보다는 노트 앞에서 하는 것을 추천드립니다. 기록하지 않으면 기억되지 않습니다. 기록하지 않으면 느낌만 있을 뿐 실체가 없는 경우도 많습니다. 스스로 셀프 질문을 하는 것은 업무를 잘하기 위함으로 끝나지 않고, 자신의 강점이나 미래를 그리는 데에까지 영향을 미치게 됩니다.

커뮤니케이션 세미나에서 자신과의 소통을 위해 질문 리스트를 나눠주고 생각나는 답변을 기록하는 미션을 실시한 적이 있습니다. 정답은 없고 생각나는 모든 것을 기록하는 것이 중요한 미션이었습니다. 작성이 끝난 후 작성한 내용이 아닌 작성한 느낌을 공유하였습니다.

"제가 이런 생각을 하고 있는지 몰랐네요."

"적다 보니까 새로운 생각이 나면서 기분이 좋아졌어요."

"작성한 내용을 보니까 내가 지금 어디에 꽂혀 있는지를 더 확실하게 알게 된 것 같아요."

"떠오르는 것을 적는다는 것이 생각보다 쉽지 않았어요."

"적다 보니까 아이디어가 생각나면서 그림으로 표현하고 있더라고요."

우리의 근육은 어떻게 사용하느냐에 따라 변합니다. 두뇌도 마찬가지입니다. 컴퓨터 앞에 있으면 검색하는 뇌가 지속해서 움직입니다. 생각하고 손으로 쓰면 뇌의 다른 쪽이 활동하기 시작하면서 두뇌 속에서 변화가 일어납니다. 그래서 메모는 요즘 같은 검색 세상에 더 많이 사용해야 하는 도구라고 생각합니다. 셀프 질문은 질문 자체보다 그 질문에 대한 답을 기록하는 것이 더 중요합니다. 남이 나에게 하는 질문은 내 입을 통해서 상대에게 전달되고, 내가 나에게 하는 질문은 글을 통해서 나에게 다시 전달됩니다. 이는 자기 생각과 미래를 발견할 수 있는 방법이기 때문입니다.

조직에서 리더의 역할을 하는 분들에게 Tip을 드리자면

GROW 질문은 코칭 질문으로 유명합니다. MZ세대 밀레니얼 세대+Z세대 는 '자신이 하는 일이 왜 중요한지', '일을 통해 어떤 기여를 하고, 어떻게 성장할 수 있는지'에 대한 궁금증을 가지고 있는 경우가 많습니다.

리더의 위치에서 정답을 알려줄 수도 있지만, 중요한 것은 정답을 알려주는 것이 아니라 생각할 수 있도록 도와주는 것입니다. 예를 들어, 일을 시작할 때 전체 프로세스를 볼 수 있도록 하거나 해당 업무가 우리 팀에 어떤 영향을 줄 것 같은지를 생각해 보는 '의미 질문'을 하는 것입니다. 즉시 답변이 어려울 수 있기 때문에 생각을 정리할 수 있도록 충분한 시간을 줍니다. 또한, 어떤 업무가 끝났을 때 '업무적으로 어떤 부분이 성장한 것 같은지 물어보는 것'은 리더나 플레이어 모두에게 의미 있습니다.

질문은 정답과 현답을 찾는데 매우 유용한 도구입니다.

질문을 많이 하거나 말끝에 '물음표'를 붙인다고 모두 의미 있는 질문은 아닙니다.

질문을 하면서 답을 얻고 태도를 보여주고, 그로 인해 성장하는 모습을 발견할 수 있도록

질문도 사전에 준비해야 합니다.

✔ 업무 현장에서 질문을 잘해야 하는 이유는 무엇인가요?

✔ '질문'을 잘 하기 위해서 어떤 노력을 하고 있나요?

✔ 매일 셀프 질문을 한다면 어떤 질문이 좋을까요?

✔ '질문, 이렇게 해야 한다'를 가까운 파트너에게 조언해 준다면 어떤 말씀을
하시겠어요?

--- Reflection note ---

03 💬 말하기: Express Re디자인

조직 목표를 달성하기 위해서는 업무 파트너 간 정보를 공유하고 이를 활용하여 업무를 수행해야 합니다. 여기에서 교환되는 '정보'는 조직의 미래를 바꾸기도 하고 현상을 유지하거나 반대로 퇴보시키기도 합니다. 그것은 다음과 같은 정보의 특징 때문입니다.

- 정보의 가치는 시간에 따라 변한다.
- 정보 제공자의 신뢰도에 따라 가치가 변한다.
- 활용하는 사람이 의미 있다고 판단할 때 사용된다.
- 정보는 전달된 후에도 전달자에게 남아있다.
- 일정량 이상 정보가 축적되면 가치가 급격히 증가한다.

정보의 특징을 살펴보면, '어떤 정보인가'도 중요하지만 '어떻게 전달되는지'에 따라 정보의 가치가 올라가기도 하고 버려지기도 합니다. 우리가 조직에서 '일을 한다'는 것은 정보를 적시에 잘 활용하는 것입니다. '기획을 잘하는 사람은 아이디어를 남기고, 보고를 잘하는 사람은 성과를 남긴다'는 말이 있습니다. 조직에서 '보고를 잘한다'는 것은 매우 강력한 힘입니다.

조직에서는 자신에게 주어진 역할로 커뮤니케이션을 하게 됩니다. 말을 한다는 것은 누구를 만나서 어떤 말을 하느냐와 함께 내가 어떤 역할로 말을 하는지도 알아야 합니다. 역할 커뮤니케이션에서 살펴보고 싶은 인물은 코로나19로 만나게 된 '정은경 질병관리본부장'입니다. 사람들은 정 본부장을 '신뢰의 아이콘'으로 떠올립니다. 우리나라 최고의 방역 전문가, 질병관리본부의 리더, 국민을 섬기는 팔로워의 모습으로 기억합니다. 이후 2020년 세계에서 가장 영향력 있는 100인으로 선정됩니다. 어떤 모습이 우리에게 '신뢰'를 만들어 주었을까요? 매일 진행되었던 브리핑의 모습에서 2가지를 생각해 볼 수 있습니다.

첫 번째는 '간결함'입니다.

대국민 브리핑을 보면 내용이 쉽고 간결합니다. 누가 들어도 쉽게 이해할 수 있고 문장이 짧습니다. 짧지만 누락되는 내용은 없습니다. 하고 싶은 말을 다 하는 것이 아니라 해야 하는 말을 합니다. 정확한 정보에 기반한 간결한 설명에서 전문가의 모습을 발견할 수 있습니다.

두 번째는 '안정감'입니다.

얼굴 표정과 호흡, 말투까지 안정적입니다. 위기 상황이라고 해도 말이 빠르지 않습니다. 정은경 본부장의 브리핑을 접하면 같이 침착하게 호흡하면서 안정감을 느끼게 됩니다. 함께 일하는 파트너의 말투와 호흡은 상대에게 영향을 주게 된다는 것을 확인하게 됩니다.

리더의 역할, 팔로워의 역할, 전문가의 역할로 표현한다는 것은 말의 결과와 무게감에 영향을 줍니다. ❶ 리더의 역할에서 말을 한다는 것은 올바른 의사결정에 대한 책임이 담겨있습니다. ❷ 팔로워의 역할에서 말을 한다는 것은 조직과 리더에 대한 지지와 업무 목표의 달성이 함께 표현되어야 합니다. ❸ 전문가의 역할에서 말을 한다는 것은 데이터 기반의 설명과 함께 설득이 가능해야 합니다.

조직에서 리더와 팔로워의 역할을 모두 경험해 본 사람은 듣는 사람의 입장에서 어떻게 말을 해야 하는지 자연스럽게 알게 됩니다. 그렇게 몸에 익은 습관이 정답이면 좋겠지만 그렇지 않은 경우도 있습니다. 그렇기 때문에 말을 하기 전에 나의 역할과 상대의 역할을 고민하면서 말하기 전략을 수립하는 것이 필요합니다.

셀프 체크 —————————————————————————

업무 현장에서 나의 말하기 점수는 몇 점인가요?

1	2	3	4	5	6	7	8	9	10

그렇게 생각하는 이유는 무엇인가요?

3-1
제대로 표현하다

우리는 업무 현장에서 말 언어 Verbal Language , 글 언어 Document Language , 몸 언어 Body Language 를 통해 자기 생각과 의견, 감정을 표현하면서 일을 하고 관계를 형성합니다. 혼자서는 해결이 안 되었는데 리더와의 커뮤니케이션을 통해서 직접적인 해답을 얻을 수도 있고, 파트너와의 커뮤니케이션을 통해서 힌트를 얻기도 하며, 혼자 말을 하면서 스스로 정리하고 답을 찾기도 합니다.

대부분의 사람은 자기표현을 하고 있다고 생각합니다. 그러나 표현이라는 것은 상대적인 것으로 보일 수 있기 때문에 나는 표현했다고 생각하지만, 상대방은 모를 수도 있습니다.

선배: 걱정스러운 표정으로 잘하고 있지?

후배: 네, 열심히 준비하고 있습니다.

선배: 목소리가 조금 더 커지면서 열심히 하면 안 돼. 잘해야지! 내가 그냥 하는 것이

나을 것 같은데, 팀장님이 해 보라고 기회를 주신 거니까 진짜 잘해야 해.

후배: 목소리가 더 작아지면서 네, 저도 부담이 되기는 하는데…… 더 열심히 하겠습니다.

선배: 부담된다고? 이거 큰일인데…… 장표 준비한 거 지금 있어?

후배: 놀라며 장표요? 아~ PPT 작성하고 있는 거요?

선배: 에휴~ 그래. 장표건 PPT건 간에 어떻게 진행되고 있어? 가지고 와봐.

후배: 본인 자리에서 출력해 놓은 자료를 가져옴

선배: 자료를 보면서 페이지마다 중요하게 생각하는 것 설명

선배: 시계를 보며 30분이나 설명을 했네. 알겠지? 더 궁금한 것 없어?

후배: 표정 없이 네, 말씀해 주신 사항으로 조금 더 보완하고 준비하겠습니다.

선배: 후배를 쳐다보며 기분 나쁜 거 아니지? 걱정되니까 알려 주는 거야.

　　　　이런 선배가 어디 있어? 안 그래? 익일까지 정리할 수 있지?

후배: 그냥 미소 익일?…… 네……

　　선배와 후배의 업무 커뮤니케이션이 마무리되었습니다. 이들의 대화는 정보와 의견, 감정의 상호 교환이 잘 이루어졌을까요? 대화는 오고 갔지만, 정보와 의견이 한쪽으로만 흘러가고 감정의 차단도 생겼습니다. 보고의 결과를 떠나 두 사람의 장기적인 업무 관계가 어떻게 만들어지게 될 지 더 지켜봐야겠습니다.

나의 표현이 나의 가치를 만든다

업무 커뮤니케이션을 할 때는 간결하고 안정감 있는 용어를 신중하게 사용해야 합니다. 잘못된 단어나 문법을 사용한 것은 아닌지 생각하면서 말을 해야 한다는 것은 아닙니다. 하지만 내용을 준비하는 것만큼 말을 할 때도 주의를 기울이고 표현하는 것이 필요합니다.

지양하다 vs 지향하다

특기사항 vs 특이사항

결제 vs 결재

비슷한 발음이지만 의미가 정반대인 경우도 있고, 전혀 다른 의미의 단어도 있습니다. 문서 커뮤니케이션을 하는 경우에는 지우고 쓰기를 반복하기 때문에 수정을 할 수 있지만, 만나서 대면 보고를 하는 경우에는 입 밖으로 나온 말을 수정할 수 없습니다. 말은 수정이 아니라 부연 설명을 하게 됩니다.

말의 공식성	용어(단어)의 적합성	공손성	주어와 서술어 사용의 적절성	간결성

첫 번째는 '**말의 공식성**'입니다.

격식을 갖추고 표현하는 것입니다. 친밀한 관계임을 나타내기 위해 호칭이나 어휘, 맺음말 등의 잘못된 사용은 커뮤니케이션 대상자뿐 아니라 그 공간에 함께 있었던 파트너들에게 불편함을 줄 수 있습니다. 업무 커뮤니케이션은 사적인 관계를 표현하는 것이 아니라, 공식적이고 중요한 조직의 사안을 결정하는 것이므로 명확하게 표현해야 합니다. 특히나 말 문장의 마무리는 전문가답게 해야 합니다. 말을 하다 보면 말끝을 흐리게 되는 경우가 있습니다. 이는 자신감이 없고 정확하지 않다는 느낌을 줄 수 있습니다. 문장을 끝까지 마무리한다는 생각으로 말하는 것이 필요합니다. 더불어 애매한 추측성 표현이 있습니다. 정말 추측이 필요한 경우도 있겠지만 습관처럼 사용하는 것은 안 됩니다.

"어쩌면 가능할 것도 같고요."

"아마… 알 수도 있을 것 같기는 한데."

"제가 하는 것이 맞는 것 같기는 한데요."

하겠다는 것인지 말겠다는 것인지, 알겠다는 것인지 모르겠다는 것인지 추측하는 말은 상대방에게 '갸우뚱'을 선물하게 됩니다. Tip을 드리자면, 보고를 잘하기 위해 머릿속으로 이미지 트레이닝을 하는 것도 좋지만 소리 내서 읽고 녹음해서 들어보거나 말할 내용을 타이핑 기록으로 남기는 작업을 해 보면, 말의 공식성 여부를 파악하는 데 도움이 됩니다.

두 번째는 '용어^{단어}의 적합성'입니다.

정확한 표현과 이해가 요구되는 상황에서는 적합한 업무 용어를 사용합니다. 특히나 업무 현장에서 전문적이고 구체적인 용어가 사용되지 않는 경우, 청자^{듣는 사람}로 하여금 맥락이 끊어지거나 몰입을 못 하게 할 수 있습니다. 또한, 조직마다 직급이나 직책의 표현이 다른 것처럼 용어를 다르게 사용하는 경우가 있습니다. 예를 들면, 빔 프로젝트를 사용하여 보고를 하는 경우에 프레젠터가 이렇게 표현합니다.

"다음 장표를 보시면,"

"다음 슬라이드를 보시면,"

"다음 PPT를 보시면,"

다 같은 말입니다. 하지만 그 조직에서 사용하는 용어가 아닌 경우에는 보고를 받는 사람들이 용어가 거슬려 중요한 정보를 놓치게 됩니다. 신입이나 경력 사원의 경우에는 내가 소속된 조직 내에서 활용하는 용어를 빨리 습득해야 합니다.

자주 사용되는 단어 중에서 '덕분에' 와 '때문에'가 있습니다.

"가격 정책 때문에~"
"가격 정책 덕분에~"

긍정, 부정 모든 상황에서 사용할 수 있습니다. 그러나 '사람'이 주어가 되는 순간 의미는 달라집니다.

"김 대리 때문에~"
"김 대리 덕분에~"

사람과 긍정의 의미를 함께 표현할 때는 '덕분에'를 사용해야 합니다. 함께 일하는 동료에게 감사의 마음을 표현하거나 칭찬을 할 때는 '덕분에'를 사용하는 것이 올바른 단어 선택입니다.

세 번째는 '**공손성**'입니다.

공손성은 상대를 바라보는 관점과 평소 언행이 밖으로 표현되는 것입니다. 자신을 너무 낮출 필요는 없지만, 상대방을 낮추거나 폄하하는 어휘나 비속어 등의 용어를 사용해서는 안 됩니다. 특히 논쟁이 오고

가는 상황에서는 '사람 반대'가 아닌 '의견 반대'의 입장을 표현하면서 상대를 존중하는 공손한 표현을 합니다.

공손하게 표현하는 것에는 '높임말'도 포함됩니다.

"주문하신 커피 나오셨습니다."

일상생활에서 간혹 만나는 잘못된 높임말, 사물 존칭 사례입니다. 사람을 높일 때 존중받습니다. 나도 모르게 사람이 아닌 사물을 높이고, 상대보다 나를 높이고 있지는 않은지 살펴봐야 합니다.

공손표현

설마 이렇게?	이렇게!
주문하신 아메리카노 나오셨습니다.	주문하신 아메리카노 나왔습니다.
저희 팀원들은 모두 회의에 참석 중이십니다.	저희 팀원들은 모두 회의 참석 중입니다.
반응이 아주 좋으세요.	반응이 아주 좋습니다.
A회의실은 뒤로 돌아가시면 있으세요.	A회의실은 뒤로 돌아가시면 있습니다.
양해 말씀 드립니다.	양해를 구합니다.

네 번째는 '**주어와 서술어 사용의 적절성**'입니다.

주어와 서술어가 바르게 연결되지 않는 경우가 있습니다. 아래 문장을 플레이어들에게 말하듯이 소리 내어 읽어보겠습니다.

"우리 팀에서 그 프로젝트를 해야 하는 이유는 그 프로젝트가 우리 회사의 미래를 바꿀 수 있습니다."

어떠신가요? 갸우뚱하게 되지 않으시나요? 여기에서 주어는 '이유' 입니다. 그렇다면 "우리 팀에서 그 프로젝트를 해야 하는 이유는 그 프로젝트가 우리 회사의 미래를 바꿀 수 있기 때문입니다."로 변경해야 합니다. 문장이 길어지거나 마음이 급해지면 주어와 서술어, 혹은 목적어와 서술어 사용이 적절하지 못한 상황이 생깁니다.

마지막으로 '간결성'입니다.

말의 끝맺음은 간결하게 표현합니다. 머릿속에 있는 이미지를 멋지게 잘 전달하려는 욕심에 막연하게 표현하거나 구구절절 부연 설명하는 것은 명확한 이미지를 그려놓고 덧칠을 하는 것과 같습니다. 단, 짧고 간결하게 표현을 하기 위해 전문 용어나 줄임말을 사용하는 것은 '간결성'이 아닙니다. 말의 이해도를 높이기 위해 전문 용어나 줄임말을 사용할 경우에는 쉽게 풀어서 설명하는 것이 필요합니다.

〈톰 소여의 모험〉, 〈허클베리 핀의 모험〉 등으로 유명한 미국의 소설가, 마크 트웨인은 "적절한 단어와 거의 적절한 단어의 차이는 번개의 빛과 반딧불이의 빛 만큼이나 다르다."라는 명언을 남겼습니다. 업무상 사용하는 용어를 신중하게 선택하고, 문맥에 맞는 적절한 문장으로 자기 생각을 표현하는 것은 자신의 가치를 높이는 기본입니다.

3-2
이해하기 쉽게 설명하다

'문제는 간극에서 생겨난다'는 말이 있습니다. 사람들은 하나의 단어를 보면서도 자신의 가치관과 경험에 따라 다른 이미지를 그리게 됩니다.

"동그라미 아시죠? 지금부터 머릿속에 동그라미를 그려 보시겠어요?"
"동그라미! 이제는 제가 말한 그 동그라미를 그려 보겠습니다."

소통 세미나를 진행할 때, 참석하신 분들에게 동그라미를 그리게 했습니다. 그렇게 저도 손을 올려서 동그라미를 그립니다. 그러면 사이즈도 다양하고, 진짜 동그라미부터 타원형의 동그라미까지 다양하게 그려집니다. 여기에서 포인트는 우리 모두 동그라미를 알고 있지만, '제가 말한 그 동그라미'는 정확하게 알지 못한다는 것입니다.

우리는 업무 현장에서 '보고'를 할 때 설명을 합니다. 업무 현장에서의 보고는 동그라미를 그리는 것처럼 간단하지 않습니다. 왜 정확하게 설명하지 않느냐의 이슈가 제기될 수 있습니다.

플레이어가 리더에게 보고한 후 강한 피드백을 받고 생각합니다.

'이번 주 내내 얼마나 고민했는데 도대체 뭐가 문제지? 작년과 비슷하게 진행하라고 하셨던 것 같은데 회의 참석했던 멤버들이 이해를 잘못했나? 내가 보기엔 괜찮았는데 취지를 이해 못 하셨나? 바빠서 그러신가?'

속마음을 들여다보니, 아무래도 다시 보고해야 할 것 같습니다. 의도하지 않게 마음 풍선으로 올라온 생각을 막을 수는 없지만, 여기에 머무르면 안 됩니다. 내가 얼마나 고민을 했는지, 다른 사람들이 잘못 이해한 것은 아닌지, 바빠서 대충 본 것은 아닌지에 대한 생각은 '다음 보고'에 도움이 되지 않습니다. 내가 보기에 괜찮은 내용의 보고가 아니라, 의사결정자가 보았을 때 괜찮은 보고가 되기 위해서는 목적에 맞게 정확하게 설명하는 것이 필요합니다.

어떻게 설명해야 할까요?

'설득'이라고 합니다. 말을 통해 무엇인가를 얻는다는 것이죠. 그런데 조직에서는 설득하기 전에 해야 하는 것이 있는데, 바로 '설명'입니다. 설명은 '상대편이 내용을 잘 알 수 있도록 / 원인과 맥락, 그 사실의 결과를 / 구체적으로 말하는 것'으로 정리할 수 있습니다.

첫 번째, 내용을 상대편이 잘 알 수 있도록.

조직 커뮤니케이션에서는 '보고'를 잘하는 것이 중요합니다. 잘 된 보고는 내가 가지고 있는 생각을 상대방에게 잘 이해할 수 있도록 설명하는 것입니다. 그러기 위해서는 첫 번째로 '지시'부터 제대로 받아야 합니다. 상위 부서가 무엇을 말하는 것인지, 나의 리더가 무엇을 원하는 것인지 정확하게 인지해야 합니다. 자신의 머릿속에 떠오른 '이런 동그라미 일거야'라는 마음으로 준비했는데, 상대의 마음속에는 알록달록 혁신적인 동그라미가 들어 있을 수도 있기 때문입니다. 지시를 받게 되면 이해하는 것으로 끝내지 말고, 한 번 더 정확하게 확인 질문을 해야 합니다.

경력직으로 이직하는 분을 코칭했던 경험이 있습니다.

경력으로 이직하게 되면 '즉시 성과'를 요구받는 경우가 많습니다. 제가 만났던 그 분도 빠른 시일 안에 성과를 내고 싶다고 말씀하셨고, 우리는 새로운 조직 생활의 성공적인 안착을 위해 함께 작전을 짰습니다. 우리의 작전은, 알기 위해 질문하는 것이었습니다.

다음 날 조직의 문화와 해야 할 일, 리더의 기대 사항을 자기 생각으로 정리한 다음, 리더에게 면담을 요청했습니다. 자신이 파악한 것과 리더의 생각을 조율하기 위한 시간을 주도적으로 만들었던 것입니다. 면담이 끝나고, 리더는 이렇게 말했다고 합니다.

"면접을 볼 때도 기분이 좋았지만, 이렇게 정리해서 확인하니 기대감이 생깁니다. 앞으로 잘해 봅시다."

일을 잘 한다는 것의 기준은 내가 아니라 의사 결정자임을 기억합니다.

두 번째, 원인과 맥락. 그 사실의 결과를.

설명은 사실이나 법칙, 세부 사항들에 집착하기 보다 그것들이 '왜 말이 되는지'를 보여줘야 합니다. 기획 아이디어의 근거를 명확히 제시하는 것입니다. 이를 위해 우선적으로 해야 하는 것은 생각 정리입니다. 정리할 때는 왜 하는 것인지, 우선순위는 어떻게 되는지, 혹시 중복되거나 누락된 것은 없는지가 확인되어야 합니다.

인간의 뇌 구조는 논리를 따라가게 설계되어 있습니다. 서론·본론·결론, 기승전결의 프로세스 흐름이 있으면 이해하기 쉽습니다. 생각 정리를 위해 업무 현장에서 가장 많이 사용하는 것이 '로직트리 Logic Tree, 피라미드 구조'와 'MECE'입니다. 로직트리는 문제점에 대한 원인 등을 논리적 사고에 기초해서 트리 모양으로 정리한 것입니다. 로직 트리로 말과 글을 정리하기 위해서는 '왜냐하면'과 '그래서 결론은'으로 생각하는 습관을 지니면 도움이 됩니다.

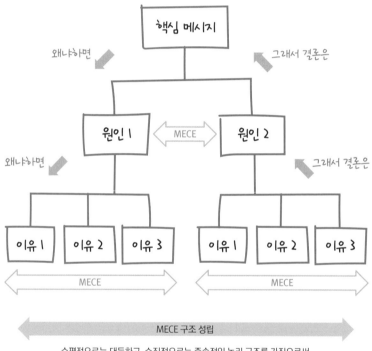

MECE 구조 성립

수평적으로는 대등하고, 수직적으로는 종속적인 논리 구조를 가짐으로써
핵심 메시지를 논리적으로 뒷받침함

MECE는 상호 Mutually, 배타적으로 Exclusive, 전체적으로 Collectively, 누

락 없는 Exhaustive 것으로 항목들이 상호 배타적이면서, 모였을 때 완전히 전체를 이루는 것을 의미합니다. 예를 들면, 계절의 분류를 봄·여름·가을·겨울로 하거나 기간을 단기·중기·장기로 하거나 시간의 배열을 과거·현재·미래로 나누는 것을 MECE하게 한 것으로 봅니다. MECE는 어떠한 사항을 하나의 기준에 따라 분류하기 때문에 정보의 정리가 쉽지 않을 경우에 활용하면 전체를 이해하는 데 도움이 됩니다. 일할 때마다 MECE한 로직트리를 손으로 그릴 수는 없겠지만, 머릿속에 자료를 정리하고 분석할 때 감각적으로 활용할 수 있어야 합니다.

세 번째, 구체적으로 말하는 것.

애매모호한 표현으로 헷갈리지 않도록 하고, 가능하면 수치화해서 표현합니다. 보고자의 애매모호한 표현은 자신감 부족으로 사용되는 경우가 많습니다. 전화로 유선 보고를 할 때 강조하는 것 중의 하나가 '바로, 즉시, 곧'입니다. 눈에 보이지 않는 유선 상에서는 절대로 사용하지 말자고 합니다.

"바로 확인하고 연락드리겠습니다."라고 말하지만, 그 기준이 상대적입니다.

"확인하고 11시까지 연락드리겠습니다."라고 말하는 것이 두 사람 모두에게 정확합니다.

대면 보고할 때도 마찬가지입니다.

"상당히 많이 참석할 것 같습니다." 보다는 "신청자 명단을 보니 120명입니다."

"꽤 오랫동안 진행했습니다." 보다는 "9월 12일부터 16일까지, 5일간 진행했습니다."

인간은 입력이 아닌 산출로 배웁니다. 보고를 한다는 것은 입력된 내용이 정리되어 산출되는 것입니다. 논리성이 담긴 설명을 통해 우리가 같은 동그라미를 그리면서 일하기를 바랍니다.

3-3
자신감 있게 표현하다

목소리는 자신의 말에 힘Power을 부여하거나 변화를 줄 수 있는 강력한 도구입니다.

정확하게 말하기 위해 내용을 이해하고 상대방을 분석하고 자료를 잘 만드는 것도 중요하지만, 제대로 전달되지 못한다면 좋은 결과를 얻지 못하기도 합니다. 업무 현장에서 같은 사람이라도 목소리에 변화가 있는 상황이 있습니다. 예를 들면, 조직의 리더가 구성원들에게 동기부여를 위해 따뜻한 말을 할 때, 외부 고객의 불만에 대응하기 위해 말을 할 때, 1대 1로 면담을 할 때, 전화를 통해 설득을 해야 할 때 등이 있습니다. 상황에 따라 자신도 모르게 목소리에 변화를 줍니다.

목소리는 커뮤니케이션 전체 분위기를 설정합니다.

목소리 톤이나 호흡을 통해 자신감이 있는지, 상대에 대한 존중이 있는지, 이슈에 대한 호기심과 열정을 가지고 준비했는지 알 수 있습니다. 또한, 너무 큰 목소리는 상대방에게 불쾌감이나 위압감을, 너무 빠른 목소리는 신중하지 못한 느낌을, 너무 작은 목소리는 자신감이나 정보의 신뢰 정도에 영향을 주게 됩니다. 강조되는 단어와 목소리의 톤에 따라 동일한 문장이 매우 다른 의미로 전달되기도 합니다. 아래 문장을 소리 내어 읽어보겠습니다. 이왕이면 녹음해서 들어보시는 것을 추천합니다.

"어떠한 가치관에 당신은 몰입하는가?"

어떤 의미로 읽으셨습니까?

강조점에 따라 억양에 변화가 있음을 발견할 수 있습니다.

"<u>어떠한</u> 가치관에 당신은 몰입하는가?"

"어떠한 가치관에 <u>당신은</u> 몰입하는가?"

"어떠한 가치관에 당신은 <u>몰입하는가?</u>"

진정성이나 감정의 전이, 설득은 목소리에서 표현됩니다. 업무 현장에서 내가 말하고자 하는 내용을 내가 원하는 방향으로 제대로 전달하고 싶다면 목소리 톤이나 호흡에 변화가 필요합니다.

전문가답게 말하기

우리는 업무 현장에서 전문가입니다. 그리고 더 나은 전문가가 되기 위해 노력합니다. 그런데 업무 현장에서 말을 하다 보면, 목소리가 내 마음 같지 않다는 것을 느낄 때가 있습니다. 특히 긴장되고 중요한 상황에서는 목소리도 어색하게 느껴지고 좋지 않은 습관들이 나오게 됩니다.

전문가답지 못한 목소리나 말투를 살펴보면, '말의 속도가 너무 빠르다, 혹은 느리다.', '발음이 명확하지 않다.', '말끝을 흐리며 우물거린다.' 등이 있습니다. 목소리는 타고나는 것으로 바꿀 수 없다고 합니다. 하지만 조절은 할 수 있습니다.

말의 속도는 어떻게 조절할 수 있을까요?

말의 속도는 생각의 속도와 호흡으로 연결됩니다. 일반적으로 말이 길어지면 말의 속도는 점점 빨라지게 됩니다. 특히 성격이 급한 분들은 말이 더 빨라집니다. 이때 기억해야 하는 것은 생각의 속도와 말의 속도를 일치시키는 것입니다. 생각과 말의 속도가 일치되면 논리적으로 편안하고 부드럽게 전달할 수 있습니다. 또한 스스로가 무슨 말을 하는지를 알아차리는 데도 도움이 됩니다. 그러나 긴장하거나 단순히 말하는 행위 자체에 집중하게 되면, 스스로가 무슨 말을 하는지 알수도 없고 시간이 지난 후에 무슨 말을 했는지 기억을 못 하는 경우도 발생합니다.

일반적으로 강조하는 부분은 천천히 말하고, 강력한 전달이 필요할 때는 빠른 속도로 말하라고 합니다. 주의 집중이 필요할 때는 강하게 표현하되 목소리는 낮게, 소리의 짧은 여백을 두는 방법들을 제안합니다. 말의 속도에 정답이 있다고 생각하지는 않습니다. 그러나 일반적인 말하기의 속도 측면에서 생각해 보면, 이런 상황에서는 속도의 변화를 이렇게 하면 좋겠다는 Tip을 정리해 보았습니다.

말의 속도 변화 Tip

빠른 속도로 말해야 하는 경우	느린 속도로 말해야 하는 경우
• 쉬운 내용일 때 • 사건을 단순히 나열할 때 • 인과관계로 구성된 내용일 때 • 누구나 알고 있는 사실ㅁ을 말할 때 • 별로 중요하지 않은 내용일 때 • 청자가 잘 이해하는 듯한 내용일 때	• 어려운 내용일 때 • 숫자, 인명, 지명, 연대 등을 말할 때 • 결과를 먼저 말하고 원인을 나중에 말할 때 • 분명한 사실을 말할 때 • 추리 과정이 필요한 이야기를 할 때 • 감정을 억제할 때 • 의혹을 일으킬만한 내용을 말할 때 • 강조하고 싶은 내용일 때

두 번째로 살펴볼 것은 부정확한 발음입니다.

아이처럼 말하거나 입술의 움직임이 거의 없어서 잘 들리지 않는 경우가 있습니다. 이럴 때는 의도적으로 입을 움직이면서 말을 소리내어 하는 연습을 하는 것이 좋습니다. 이미지 트레이닝이 아닌, 내용을 생각하면서 천천히 소리를 내어 말하는 것입니다. 말은 연습하지 않으면 성장하지 않습니다. 이것은 결국 근육의 문제와도 연결됩니다. 연기자나 가수들이 끊임없이 입 주변의 근육을 풀어주는 것을 생각하면서, 중요한 보고가 있을 때 소리 내어서 연습하는 것을 추천합니다. 그리고 녹음까지 해서 들어보면 금상첨화라고 말씀드립니다.

세 번째는 말끝을 흐리며 우물거린다는 것입니다.

말을 했는데 상대방이 의아해하며 다시 쳐다보는 경우가 있습니다. 어려운 자리에서 보고하는데 임원이 쳐다보면서 물어봅니다. "뭐라고?"

갑자기 훅 들어오는 되묻기 질문으로 얼굴이 빨갛게 달아오르고,

머릿속은 하얘지면서 "저······그게······" 얼버무리게 되는 상황까지 연출됩니다. 말을 끝까지 명확하게 한다는 것은 '주어와 동사, 그리고 마침표까지 하나가 되는 것'이라고 말씀드립니다.

말을 할 때, 말을 하는 것인지 말이 나오는 것인지 헷갈리는 경우가 있습니다. 업무 현장에서는 말이 나오는 것이 아니라 말을 해야 합니다. 그러기 위해서는 하나의 문장을 완성하면서 말한다는 것을 생각해야 합니다. 그리고 이왕이면 짧은 문장이 좋습니다. 한 문장이 쉼표와 쉼표, 꼬리에 꼬리를 물게 되면 듣는 사람이 지루해하거나 말의 의미를 누락하고 오해할 수도 있습니다. 문장의 길이는 짧게 마침표를 찍어주면서 말을 끝까지 한다는 생각으로 표현하면 메시지에 힘이 실리게 됩니다. 짧은 문장은 자신의 주장을 확실하게 표현하는 것으로 느껴지고 조금 더 전문가답게 보이게 합니다.

말을 한다는 것은 내 안에 있는 정보나 의견을 꺼내는 작업입니다.

업무 현장에서 체계적으로 말하면 좋겠지만, 머릿속에서 내용이 정리 되기도 전에

나오는 것도 사실입니다. 그래서 말을 잘한다는 것은 습관이 될 수 있도록 연습해야 합니다.

✓ 업무 현장에서 자기표현을 잘해야 하는 이유는 무엇인가요?

✓ '말하기'를 잘하기 위해서 어떤 노력을 하고 있나요?

✓ 말하기 노력을 꾸준히 하게 되면, 어떤 점이 좋을까요?

✓ '말하기, 이렇게 해야 한다'를 가까운 파트너에게 조언해 준다면 어떤 말씀을 하시겠어요?

─────────────── Reflection note ───────────────

듣기: Listen Re디자인

업무상 다른 사람들과 소통할 때 대개의 경우 말하는 내용에 집중하는 경향이 있습니다. 업무 지시 내용을 정확하게 듣고 이해한 뒤에야 보고를 잘 할 수 있는 것처럼 효과적인 소통을 위해서는 제대로 듣는 것이 우선되어야 합니다.

사람들의 속마음과 진실을 들을 권리는 아무에게나 주어지지 않습니다. 들으려고 노력하는 사람만이 중요한 이야기를 들을 수 있습니다. 우리는 잘 듣고 있을까요? 생각보다 우리는 들으면서 무엇인가를 보고, 무엇인가를 합니다. 잘 듣기 위해서는 집중해야 하며, 그것이 쉽지 않을 때는 잘 들을 수 있는 환경을 만드는 것이 필요합니다.

동시에 듣는 것이 된다고?

인간의 두뇌 발달을 연구하는 존 메디나 John J. Medina 는 그의 저서 〈브레인 룰스 Brain Rules〉에서 인간이 멀티태스킹을 할 수 없다는 사실이 연구로 입증되었다고 말합니다. 스탠퍼드 대학의 클리포드 나스 Clifford Nass 교수는 멀티태스킹을 계속하면 '정보를 취사선택 하는 힘', '여러 작업을 빠르게 전환하는 능력', '작업 기억력'의 3가지 능력이 향상되는 것은 아닐까를 생각하면서 연구를 진행했습니다. 그리고 이렇게 말합니다.

"정말 놀랐습니다. 우리의 가설은 모두 뒤집어졌습니다. 멀티태스킹 경향이 강한 사람은 '멀티태스킹'이라는 행위에 수반되는 모든 능력이 뒤떨어지게 됨이 밝혀졌습니다. 하나의 작업에 집중하는 사람들과 비교했을 때, 관련 정보의 취사선택이 서툴고 작업의 전환도 어설픈 것을 확인하게 되었습니다."

들리는 것과 듣는 것은 다릅니다. 혹시 다른 행동을 하면서 '듣는 일'을 동시에 하는, 멀티태스킹이 가능하다고 생각하시나요? 사실, 듣는다는 행위는 생각을 동반하게 됩니다. 들리는 상대의 이야기와 자신의 경험, 생각을 연결하는 작업이 함께 진행된다고 볼 수 있습니다. 이것은 좋다, 나쁘다의 개념이 아닙니다. 떠오르는 생각을 막을 수는 없기 때문입니다. 중요한 것은 자연스럽게 떠오르는 자신의 생각으로 인해 듣는다는 것이 쉽지 않다는 것입니다. 듣는다는 것은 말하는 사람의 정보나 생각을 이해하고 수용하는 작업이기 때문에 적극적으로 참여하면서 들어야 합니다.

셀프 체크 ─────────────
업무 현장에서 나의 듣기 점수는 몇 점인가요?

1	2	3	4	5	6	7	8	9	10

그렇게 생각하는 이유는 무엇인가요?

4-1
딴청 말고 경청하다

말하기는 지속해서 교육받습니다. 그것은 트레이닝, 피드백 등 다양한 형태로 진행됩니다. 그런데 듣기 교육은 어떤가요? 사실 잘 들어야 한다, 경청해야 한다고는 하지만 도대체 어떻게 해야 잘 듣는 것인지 모르는 경우가 많습니다. 그래서 자신은 잘 듣고 있다고 생각하지만 주변에서는 그렇게 느끼지 못하는 경우를 볼 수 있습니다. 경청은 자기 자신의 감정을 잠시 옆으로 밀어 두고 상대방의 생각과 감정에 온전히 흡수되는 행위입니다. 특히, 업무 현장에서의 경청은 공유되는 정보의 정확한 이해도 포함됩니다.

직장생활을 하다 보면, 조직의 리더들이 이렇게 말하는 경우가 있습니다.

"여러분이 우리 팀의 미래를 바꿀 수 있습니다. 우리의 미래를 위해서 현재의 문제점이나 개선 방안에 관한 이야기를 허심탄회하게, 솔직하게 이야기해 주었으면 합니다. 오늘은 여러분의 고견을 소중히 듣겠습니다."

리더는 좋은 의도를 가지고 커뮤니케이션을 시작했습니다. 그 다음에는 무엇을 해야 할까요?

'진짜 듣기'를 해야 합니다.

정말로 제대로 듣기를 하려면 그 자리를 피해 주거나 시스템을 구축해 주어야 합니다. 아니면 정말 조용히 들어야 합니다. 그런데 이런 경우가 있습니다.

❶ 구성원들이 말을 하려고 시작하면 말을 끊거나 참견합니다.
❷ 듣겠다는 말을 한 뒤에 자신이 생각하는 회사의 미래 모습과 문제점 등을 나열하기 시작합니다.
❸ 시간이 지난 후에 직원들이 자기 생각을 말하지 않는다고 생각합니다.
❹ 자신이 한 말을 구성원들에게 들었다고 착각하여 의사결정을 내리는 경우도 있습니다.

이러한 모습을 조직의 리더만 가지고 있을까요? 플레이어 간에도, 부서와 부서 사이에도 발생할 수 있습니다.

경청 VS 딴청

내가 말할 때 사람들이 잘 들어주지 않으면 어떤 마음이 드시나요? 섭섭하기도 하고 화가 나기도 합니다. 커뮤니케이션 세미나에서 '경청'을 어떻게 해야 하는지 물어보면, 귀를 기울여 듣는 것, 존중하는 마음으로 듣는 것, 집중해서 열심히 듣는 것, 말의 내용은 물론 그 내면에 있는 정서에 귀 기울이는 것, 서로 간에 말하지 못하는 것까지도 듣기 위해 마음을 기울이는 것 등으로 답변을 합니다.

우리는 어떻게 들어야 하는지 알고 있습니다. 그런데 왜 잘 듣지 못할까요? 학자들의 연구에 의하면, 듣는 일이 그리 단순하지 않다고 합니다. 누군가의 말을 제대로 경청하려면 상대방의 욕구에 초점을 맞추어서 완전히 집중하여 들어야 하는데, 인간은 기본적으로 상대방을 이해하는 것보다 내가 이해받고 싶은 욕구가 강하기 때문에 듣는다는 것이 정말 어렵다고 합니다.

그렇다면 경청의 반대말은 무엇일까요? 어떤 일을 하는데 그 일과는 전혀 관계없는 일이나 행동을 한다는 의미를 가지고 있는 '딴청'입니다. 딴청은 '하다', '피우다', '부리다'로 사용을 하는데, 여기에는 의지가 담기기도 하고 담기지 않기도 합니다. 일부러 딴청을 피우기도 하지만 자신도 모르게 딴청을 부리게 되는 것입니다.

"어떤 모습이 딴청일까요?"

어떤 모습이 떠오르십니까? 커뮤니케이션 세미나에서 경청과 딴청에 대한 이야기를 나누면서 물어보았습니다. 세미나에서 나온 토론 내용을 공유해 드리면 다음과 같습니다.

직장에서 이렇게 들으면 "딴청"

- 집중하지 않고 듣는 척한다.
- 전달이 서투르면 무시한다.
- 필요하지 않다고 판단되면 관심을 끊는다.
- 사실 파악에만 집중한다.
- 휴대폰으로 문자를 보내면서, 메일을 확인하면서 산만하게 듣는다.
- 감정적인 말에 쉽게 반응한다.
- 듣기 싫은 말은 회피한다.
- 누가 말하느냐에 따라 행동이 달라진다.
- 말을 끝까지 듣지 않고 자신의 생각을 말한다.
- 알겠다고 하지만 향후 다시 말해야 하는 경우가 많다.

업무 커뮤니케이션을 하면서 일부러 딴청을 피우려고 계획하는 사람은 없습니다. 하지만 자신도 모르게 이렇게 행동하게 됩니다. 딴청 피우는 분들을 만난 경험이 있으십니까? 혹은 나도 모르게 이렇게 행동했던 적은 없으신가요?

적극적 경청

커뮤니케이션 할 때 강조되는 첫 번째가 '적극적으로 경청하라' 입니다. 눈을 적절하게 맞추고, 상체를 말하는 사람을 향해 살짝 숙이고, 맥락을 이해하기 위한 질문과 함께 기억을 위한 기록을 해야 하는 행동이 적극적 경청입니다. 듣는 사람은 귀로 듣지만, 말하는 사람 입장에서는 눈으로 듣는 모습을 확인하게 되는 것입니다. 바로 눈과 귀, 입, 몸의 방향까지 집중하여 듣는 것을 '적극적 경청'이라고 합니다. 우리는 커뮤니케이션 할 때 적극적 경청을 해야 한다는 것을 알고 있지만, 친한 사이일수록 혹은 안다고 생각하는 사이일수록 적극적 경청이 잘 안된다고 합니다. 가족, 연인과의 커뮤니케이션에서 이러한 이슈가 많이 발견되는 것도 그러한 이유가 아닐까 합니다. 그래서 많이 다툽니다.

"내 말 듣고 있어요?"

말을 하는 사람이 듣는 사람에게 이렇게 말하는 것은 '적극적 경청을 하고 있지 않다'고 보기 때문입니다.

업무 현장에서는 어떤가요? 보통은 신입사원의 경우, 적극적 경청을 하는 모습을 보이지만 업무가 익숙해지면 그 태도가 바뀌는 경우가 많습니다. 그리고 위계 조직에서 위로 올라갈수록 '딴청'의 모습을 자주 보여주게 됩니다. 듣는 행동 없이 소극적으로 듣는 경우, 듣는 척하거나 선택적으로 듣거나 내용을 듣는 것이 아니라 소리만 듣는 행동이 될 수 있음을 기억해야 합니다.

커뮤니케이션 세미나에서는 경청과 관련해서 이런 질문도 나옵니다.

"설명하는 사람이 잘 경청할 수 있도록 하는 것이 먼저 아닌가요?"

말의 내용에 집중할 수 있도록 설명하고 보고해 주면 좋겠지만, 아시는 바와 같이 모든 사람이 제대로 표현하는 것은 아닙니다. 그리고 상대방의 말하는 능력이 부족하다고 해서 집중해서 듣지 않는 것이 당연한 것도 아닙니다.

커뮤니케이션 세미나를 진행할 때 의도적으로 듣는 것을 실습하고 느낀 점을 공유한 적이 있습니다. 학습자로 참여하신 한 분이 이렇게 말씀을 주셨습니다.

"들으려고 하니까 들리네요."

상대가 하는 말에 집중해서 들으려고 하면 들립니다.

'듣기'의 태도는 배울 수 있지만, '듣기 태도'를 지속적으로 유지하면서 표현하기는 쉽지 않습니다. 내가 알고 있는 듣기 태도를 통해 자신의 모습을 점검해 볼 수 있어야 합니다. 내가 경청하는 태도를 하지 않고 있다는 것을 알아차리는 것도 도움이 됩니다. 이런 과정을 통해 딴청에서 경청이 되는 것이 아닐까요?

4-2
참여하면서 듣다

조직에서 듣는 것은 '결정'을 하는 데 중요합니다. 참여하는 방식으로 듣게 되면, 상대방과 상호작용이 일어나면서 개인의 성장 및 조직의 성과에도 긍정적인 영향력을 발휘하게 될 것입니다. 여기에서 우리가 생각해야 하는 것은 **상대방과의 상호작용**입니다. 말하는 '너'와 듣는 '나'의 작용이 있어야 하는데, 우리는 듣는 '나'와 생각하는 '나'의 작용을 하는 경우가 의외로 많습니다. 그리고 이렇게 생각하면서 듣습니다.

'진짜로 하고 싶은 이야기는 뭘까? 이게 아닌 것 같은데……'

'음.. 저렇게 생각하는구나. 내 차례에서는 이걸 이야기해야겠다.'

'저건 나랑 상관없는 건데……아……'

'저렇게 보고하면 안 되는데…… 알려줬는데도 저렇게 하네……'

'내가 지금 여기에 왜 와 있는 거지? 나중에 담당자한테 다시 전화해서 물어보라고 해야겠다.'

참여하면서 듣는 방법

내 안의 나와 커뮤니케이션을 하면 밖에서 들려오는 이야기에 집중할 수 없습니다. 그리고는 자신의 이야기를 꺼내 놓기 시작하거나 다시 설명해 달라고 합니다. 혹은 잘못 듣고 다른 액션을 취하는 경우도 생기게 됩니다. 상대의 이야기에 집중하면서 참여하는 듣기는 자연스럽게 되는 것이 아니라 노력이 필요합니다.

참여하면서 듣는 첫 번째 방법은 '**말하는 사람에게 집중하기**' 입니다.

'듣기'는 상대방에게 관심을 보이는 것으로 시작합니다. 말하는 사람에게 집중하기 위해 시간과 공간을 확보합니다. 긴급한 연락을 기다리고 있거나 메일을 보면서, 혹은 다른 의사결정에 마음이 빼앗겨 있다면 참여 방식으로 듣기 어렵습니다. 말하는 사람의 내용도 중요하지만 말하는 사람의 몸 언어 Body Language 가 중요한 순간이 있습니다. 이를 정확하게 알기 위해서는 말하는 사람에게 나의 시선이 머물러 있어야 합니다. 집중이 어려운 경우에는 질문을 통해 듣기 태도를 바로 잡거나 마음속으로 마지막 단어나 말을 따라 해 봅니다. 상대의 이야기에 집중하는 데 도움이 됩니다.

참여하면서 듣는 두 번째 방법은 '맥락 이해하기'입니다.

독일 심리학자 헤르만 에빙하우스 Hermann Ebbinghaus 의 '망각 곡선' 이론이 있습니다. 기억력이 얼마나 오래 지속되는지에 관한 실험 연구 이론으로 사람은 학습 후 20분이 지나면 내용의 58%를 기억한다고 합

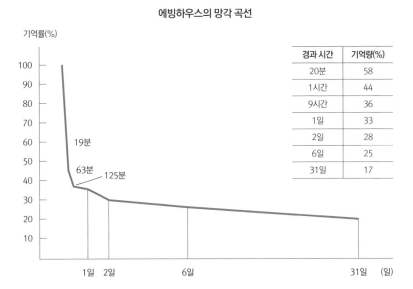

에빙하우스의 망각 곡선

경과 시간	기억량(%)
20분	58
1시간	44
9시간	36
1일	33
2일	28
6일	25
31일	17

니다. 1시간이 지나면 44%를 기억하고, 하루가 지나면 33%를 기억한다는 것입니다. 우리의 기억력은 생각보다 좋지 않습니다. 이러한 인간의 약점을 보완하려면 사실을 기억하기보다 이해를 목적으로 듣는 것이 필요합니다. 하나의 단어나 문장에 꽂혀서 맞는지 틀린지를 확인하면서 듣는 것보다 맥락을 찾고 스토리 이미지를 그린다면 상대의 말을 더 이해하게 되고, 이는 내용의 지속력을 높이는 데도 도움이 됩니다. 문서를 볼 때도 오타를 발견하는 데 집중하다 보면 문서의 내용이 기억나지 않습니다. 커뮤니케이션도 마찬가지입니다. 상대가 말하려는 것이 무엇인지 전체를 이해하는데 집중하는 것이 필요합니다.

참여하면서 듣는 세 번째 방법은 '절제하기' 입니다.

커뮤니케이션 하면서 가장 많이 하는 실수 중 하나가 상대방의 말을 자르는 것입니다. 이는 말하는 사람의 마음을 상하게 만듭니다. 대부분의 사람이 '말 자르기'를 하지 않는다고 생각하지만 자기도 모르게 상대방의 말을 끊게 됩니다. 그 이유를 보면 '동의 여부'입니다. 말하는 사람의 가치나 의견에 동의하거나 동의하지 않는다는 생각이 드는 순간 말을 자르게 됩니다. 그러나 '한국말은 끝까지 들어야 한다'는 말이 있듯 끝까지 다 들어야 내 의견을 제대로 말할 수 있습니다. 두 번째는 '인정 욕구'입니다. 이야기를 듣다 보면, 내가 많이 알고 있다는 생각이 들면서 자기 생각을 말하게 됩니다. 상대에게 내가 알고 있음을 인정받고 싶어 합니다. 그러나 이것 역시 끝까지 듣고 난 뒤에 해도 늦지 않습니다. 오히려 다 듣고 난 후 혹은 요청이 있을 경우에 말한다면, '지혜'까지 담아서 말할 수 있습니다.

마지막으로 '감정 조절'입니다.

상대방의 의견이나 상황이 불편한 감정을 일으키는 경우도 있습니다. 불편한 감정이 올라오는 것을 절제하지 못하고 커뮤니케이션을 유지한다면, 맥락을 놓치거나 감정에 따라 정보를 왜곡시킬 수도 있습니다. 또는 반대로 너무 기분이 좋아 흥분된 상태에서는 자기 생각을 강요할 수도 있습니다. 감정의 크기가 너무 극대화되는 시점에서는 판단과 생각, 감정을 조절해야 하며 스스로 조절이 힘든 경우에는 커뮤니케이션을 잠시 멈추는 것이 더 효과적일 수 있습니다.

리더의 참여 듣기: 지지적 vs 비판적

참여하는 리더의 듣기는 '지지적 듣기 Supportive listening'여야 합니다. 플레이어가 의견을 이야기할 때, 리더는 '생각의 동반자'가 되어 의견을 지지하면서 들어야 합니다. 리더가 '경험이 더 많기 때문에', '의사결정을 내려

지지적 듣기 vs 비판적 듣기

구분	지지적 듣기	비판적 듣기
개념	• 생각의 동반자 → 발전적 생각의 시작점 • 문제해결을 위한 호기심의 마음으로 듣기 • 구성원의 생각에 동행하기 위한 질문	• 비판자의 마음 → 생각의 차단 • 중립성을 갖지 못하고 미리 예단 • 구성원의 생각을 차단하는 추궁 질문
질문	• 내가 더 알아야 하는 것은 무엇이 있을까? • 실행을 하는데 있어서 제거해야 하는 방해 요인은 무엇이 있을까? • 하고 있는 일을 더 가치 있게 만들려면 무엇을 하면 좋을까?	• 상황을 제대로 이해한 것 맞나? • 아닌데… 지금 무슨 소리를 하는 거지? • 이게 가능하다면, 지난 번에는 왜 안된 거지?

야 하므로', '피드백을 해야 하므로'의 마음으로 듣기 시작하면 '비판자의 마음 Critical listening '으로 듣게 됩니다. 비판적 듣기는 발전적 생각을 꺼내는 데 도움이 되지 않음을 우리는 알고 있습니다. 비판적 듣기는 맥락을 끊습니다. 비판적 듣기는 생각을 차단합니다. 비판적 듣기는 작은 것에 흔들립니다. 리더가 비판을 멈추고 플레이어의 생각에 동행하는 것은 더 좋은 답을 찾아가기 위한 기본적인 태도입니다

플레이어의 모든 의견을 지지하고 수용해야 하는 것은 아닙니다. 그렇지 못한 상황이 많다는 것도 알고 있습니다. 그러나 필요합니다. 생각의 시작점부터 의견이 다를 수 있습니다. 중요한 것은 플레이어의 이야기를 들을 때 마음속에 지지자가 있는지 비판자가 있는지를 알아차리는 것입니다. 비판자의 마음으로 들으면 플레이어의 생각에 옳고 그름에만 집중하게 됩니다. 지지자의 마음으로 들으면 생각을 발전시키기 위한 방법을 찾게 됩니다.

4-3
듣기 성향을 알아차리다

미국의 커뮤니케이션 전문가 래리 바커 Larry Barker 와 키티 왓슨 Kittie Watson 은 20년 이상 인간의 듣기 습관에 대해 연구했습니다. 듣기 성향은 누가, 언제, 어디서, 어떻게, 어떤 종류의 정보를 듣고 싶어 하는지에 따라 결정된다고 합니다.

'말을 하는 입이 아니라 말을 듣는 귀가 모든 커뮤니케이션의 성패를 좌우한다'

고 주장하면서 인간의 듣기 성향을 사람 지향, 행동 지향, 시간 지향, 내용 지향의 4가지로 분류합니다.

듣기 습관의 장단점

래리 바커와 키티 왓슨의 연구에 따르면, 듣기 성향은 패턴을 가지고 있습니다. 잘한다, 못 한다의 패턴이 아닙니다. 조사에 따르면, 남성들은 '내용이나 행동 지향적 듣기 성향'을 가지고 있는 경우가 많고, 여성은 '사람 지향적 듣기 성향'을 많이 보인다고 합니다. 서비스 직종에 종사할 경우에는 '사람 지향적', 연구 분야는 '내용 지향적'인 성향을 갖는 경우가 많다고 합니다. 이를 보면, 듣기 성향은 자주 하게 되는 습관을 통해 만들어진다고 볼 수 있습니다. 습관은 바꿀 수 있습니다. 나의 '듣기'가 함께 일하는 조직 구성원들에게 불편함을 준다면 노력할 필요가 있지 않을까요? 듣기 성향의 변화를 추구하기 위해서는 각각의 듣기 성향이 긍정적인 면과 부정적인 면을 동시에 가지고 있다는 것을 알아야 합니다. 자신의 듣기 성향이 너무 한쪽으로 고착화 되지 않도록 구체적인 내용을 살펴보고, 듣기의 변화 지향점을 발견하기를 바랍니다.

첫 번째는 '사람 지향적'으로 듣는 경우입니다.

사람 지향적 듣기 성향이 크다면 듣는 행위가 인간관계에 어떤 영향을 미치게 될지를 가장 크게 생각합니다. 영업 부서같이 고객을 만나는 조직에서 많이 볼 수 있습니다. 사람을 중심에 두고 듣기 때문에 커뮤니케이션 분위기는 좋지만, 이성적인 사고를 해야 할 때는 어려움이 있을 수 있습니다. 그리고 리더의 위치에서 들으면 팔로워를 존중하고 편안하게 면담을 할 수 있지만, 객관성을 가지고 성과평가 면담을 하는 경우에는 어려움이 있을 수도 있습니다.

사람 지향적으로 듣기

긍정적인 면	부정적인 면
• 다른 사람에게 관심이 많고 배려할 줄 안다. • 선입견이나 편견을 갖지 않는다. • 대화할 때 반드시 유언, 무언의 피드백을 준다. • 상대의 감정을 잘 파악한다. • 상대의 분위기를 빨리 감지한다.	• 상대의 감정 상태에 쉽게 휘말리게 된다. • 상대방의 잘못이나 약점을 잘 보지 못한다. • 다른 사람의 일에 지나치게 간섭하기 쉽다. • 피드백을 줄 때 너무 오버할 수 있다. • 중립성, 객관성을 유지하기 힘들다.

두 번째는 '행동 지향적'으로 듣는 경우입니다.

행동 지향적으로 듣는 사람은 자신이 맡은 업무를 수행하는 것에 집중합니다. 업무 수행에 목적을 두기 때문에 실행력과 연계성이 높습니다. 그러나 빠른 의사결정으로 잘못된 판단을 하게 되는 경우도 발생할 수 있습니다.

행동 지향적으로 듣기

긍정적인 면	부정적인 면
• 목표와 관련된 피드백을 빨리 제공한다. • 당장 해결해야 하는 문제를 이해하는데 집중한다. • 다른 사람들이 중요한 것에 초점을 맞추도록 돕는다. • 다른 사람들이 구조적이고 간결하게 말을 하도록 돕는다.	• 두서없는 이야기를 듣기 힘들어 한다. • 말이 끝나기 전에 넘겨짚고 재빨리 결론을 내린다. • 화자가 두서없이 이야기하면 쉽게 산만해진다. • 감정적인 문제를 과소평가한다. • 지나치게 비판적으로 보인다.

세 번째는 '내용 지향적'으로 듣는 경우입니다.

내용 지향적으로 듣는 사람은 모든 내용을 신중하게 평가하는 경향이 있습니다. 내용 지향적으로 듣는 사람들은 연구개발 분야에 많은 편입니다. 숫자, 데이터, 디테일에 강합니다. 정확성에는 도움이 되지만 실행력을 위해서는 유연하게 맥락을 찾는 것도 필요합니다.

내용 지향적으로 듣기

긍정적인 면	부정적인 면
• 전문적, 기술적 정보를 높이 평가한다. • 정보가 얼마나 명료한지, 자신이 얼마나 이해했는지 점검한다. • 다른 사람들이 자신의 생각에 대한 근거를 제시하도록 격려한다. • 복잡하고 어려운 정보를 환영한다. • 문제의 모든 측면에 관심을 가진다.	• 세부적인 것에 지나치게 집착한다. • 냉철한 질문으로 다른 사람들을 당황스럽게 한다. • 비기술적인 정보를 과소평가한다. • 알려지지 않은 개인에게서 들은 정보를 높게 평가하지 않는다. • 결정하는데 시간이 오래 걸린다.

네 번째는 '시간 지향적'으로 듣는 경우입니다.

시간 지향적으로 듣는 사람은 시간 자원을 중요하게 생각하고 효율적으로 일하는 것을 추구하는 경향이 있습니다. 시간 지향적으로 듣는 것은 조직의 리더들에게서 가장 쉽게 찾아볼 수 있는 유형입니다.

듣기 습관은 상황에 따라 특정한 패턴을 보이는 경우가 있습니다. 공식적인 자리나 사적인 자리, 리더와의 커뮤니케이션, 친한 파트너들과의 편한 자리에서도 달라집니다. 더불어 상대의 듣기 성향을 파악한다면 말하는 방법에도 변화를 주게 되어 소통 커뮤니케이션이 가능해 집니다.

시간 지향적으로 듣기

긍정적인 면	부정적인 면
• 시간을 효과적으로 관리한다. • 다른 사람의 말을 들을 때 시간 제한이 있음을 알린다. • 시간을 어떻게 사용할 것인지 지침을 정한다. • 상대가 쓸데없는 말을 하며 시간을 낭비하지 못하도록 한다. • 시간이 낭비되고 있을 때 상대방에게 암시를 준다.	• 시간을 낭비하는 사람들을 참지 못하는 경향이 있다. • 관계에서 편안함 보다는 긴장감을 만들 수 있다. • 시간을 의식하다 보면 집중력이 떨어질 수 있다. • 자주 시계를 들여다봄으로써 상대를 조급하게 만든다. • 시간적인 압박을 주어 다른 사람들이 창의력을 발휘하지 못하게 만든다.

나의 듣기 성향은?

듣기 성향 전문가의 연구를 통해 만들어진 설문을 통해 나의 듣기 성향을 체크해 볼까요? 듣기 성향을 체크해 보면 자신의 강점과 약점을 파악하는 데 도움이 되고, 상대에 따라 커뮤니케이션 전략을 세우는 것에도 필요합니다. 평소 듣는 상황을 떠올리면서 점수 칸에 1~5까지 숫자를 기입합니다.

늘 그렇다 5 / 자주 그렇다 4 / 종종 그렇다 3 / 드물게 그렇다 2 / 전혀 그렇지 않다 1

평소 듣는 상황에서 나는	점수
1. 상대방의 말을 들을 때 그 사람의 느낌에 주의를 기울인다.	
2. 상대방의 말을 들으면 기분이 좋은지 아닌지 금세 알아차린다.	
3. 상대방이 자기 문제를 털어놓았을 때 그 사람의 말에 금방 몰두한다.	
4. 새로 알게 된 사람의 말을 들을 때 공통의 관심사를 찾으려고 노력한다.	
5. 다른 사람이 말할 때 눈짓이나 고갯짓으로 흥미를 표현한다.	
6. 다른 사람이 자기 생각을 조리 있고 효과적으로 표현하지 못하면 갑갑해진다.	
7. 다른 사람의 말을 들을 때 내용의 불일치나 모순점에 집중한다.	
8. 말하는 사람의 생각을 건너뛰거나 예단한다.	
9. 커뮤니케이션 도중에 곁가지를 치며 다른 이야기를 꺼내는 사람이 정말 싫다.	
10. 말하는 사람이 더 빨리 요점에 도달할 수 있게 질문을 던진다.	
11. 모든 사실을 듣고 나서야 판단을 내리거나 의견을 내놓는다.	
12. 기술적인 정보를 선호하는 편이다.	
13. 의견이나 주장보다 내가 직접 판단, 평가해볼 수 있는 사실이나 증거를 듣고 싶어한다.	
14. 복잡한 정보를 듣는 게 즐겁고 좋다.	
15. 추가적인 정보를 캐기 위해 질문을 던진다.	
16. 바쁠 때면 이야기를 들어줄 시간이 한정되어 있음을 상대방에게 알린다.	
17. 토론을 시작하기 전에 얼마나 오래 기다렸는지부터 말한다.	
18. 시간이 없다 싶으면 상대방이 말하는 도중에라도 끼어든다.	
19. 시간이 없다 싶으면 상대방이 말하고 있어도 손목시계나 벽시계를 쳐다본다.	
20. 시간의 압박을 느낄 때면 다른 사람의 말에 집중력이 떨어진다.	

듣기 성향에 표기된 1~5까지의 숫자는 성향이 얼마나 강한지를 나타냅니다.

4~5점은 강한 성향, 3점은 보통 성향, 1~2점은 약한 성향을 뜻합니다. 점수 칸에 기록한 숫자 중에서 4~5점으로 기록한 개수를 확인합니다. 두 개 이상의 항목에서 4~5점을 얻었다면 당신의 듣기 성향은 복합적입니다. 이를 기준으로 결과를 확인하면 다음과 같습니다.

- 1~5번 문항에 4 혹은 5를 표기한 개수 → [   ] 개   **: 사람 지향적**
- 6~10번 문항에 4 혹은 5를 표기한 개수 → [   ] 개   **: 행동 지향적**
- 11~15번 문항에 4 혹은 5를 표기한 개수 → [   ] 개   **: 내용 지향적**
- 16~20번 문항에 4 혹은 5를 표기한 개수 → [   ] 개   **: 시간 지향적**

듣는다는 것은 내가 알고 있는 것과 내가 모르고 있는 것을 발견하는 작업입니다.

적극적으로 참여하면서 들어야 하는 것을 알지만 듣는다는 것이 쉽지는 않습니다.

업무 현장에서는 들리는 것을 듣는 것이 아니라, 듣기 위해 노력해야 합니다.

✔ 업무 현장에서 잘 들어야 하는 이유는 무엇인가요?

✔ '듣기'를 잘하기 위해서 어떤 노력을 하고 있나요?

✔ 지금의 노력을 지속해서 하게 되면, 구체적으로 어떤 점이 좋아질까요?

✔ '듣기, 이렇게 해야 한다'를 가까운 파트너에게 조언해 준다면 어떤 말씀을 하시겠어요?

———————————————— Reflection note ————————————————

옳음과 친절함

영화 〈Wonder〉에 나오는 대사,

'옳음과 친절 중 한 가지만 고를 수 있다면, 친절을 선택하라'

WHEN GIVEN A CHOICE BETWEEN

BEING RIGHT AND BEING KIND

ALWAYS CHOOSE KIND

조직 커뮤니케이션에서 옳음과 친절함을 생각합니다.

리더와 플레이어 모두에게 공유된 '옳음'이 필요합니다.

옳음을 행하는 과정에서 '친절'이 표현되어야 합니다.

참고도서

01. 『공간의 심리학』, 바바라 페어팔, 서유리 옮김, 동양북스, 2017

02. 『나는 인정받는 팀장이고 싶다』, 서정현 외 8명 (나인팀), 플랜비디자인, 2019

03. 『내 감정 사용법』, 프랑수아 를로르, 크리스토프 앙드레, 배영란 옮김, 위즈덤하우스, 2008

04. 『대립의 기술』, 바바라 패치터, 수잔 매기, 서영조 옮김, 푸른숲, 2006

05. 『대화의 심리학』, 더글러스 스톤 외, 김영신 옮김, 21세기북스, 2003

06. 『마음을 사로잡는 경청의 힘』, 래리 바커, 키티 왓슨, 윤정숙 옮김, 이아소, 2013

07. 『목소리로 어필하라』, 정보영, 한국경제신문사, 2018

08. 『몰입, 미치도록 행복한 나를 만난다』, 칙센트미하이, 최인수 옮김, 한울림, 1980

09. 『매니지먼트 3.0』, 위르헌 아펄로, 조승빈 옮김, 에이콘출판, 2018

10. 『무엇이 우리의 성과를 방해하는가』, 토니 슈워츠 외, 박세연 옮김, 리더스북, 2011

11. 『비폭력 대화』, 마셜 B. 로젠버그, 캐서린 한 옮김, 한국NVC센터, 2011

12. 『산업 및 조직 심리학』, 폴 뮤친스키, 사토리스 S. 컬버트슨, 유대용 옮김, 시그마프레스, 2016

13. 『서클의 힘』, 크리스티나 볼드윈, 앤 리니아, 봉현철 옮김, 초록비책공방, 2017

14. 『설득의 심리학』, 로버트 치알디니, 노아 골드스타인, 스티브 마틴, 이현우 옮김, 21세기북스, 2002

15. 『실리콘밸리의 팀장들』, 킴 스콧, 박세연 옮김, 청림출판사, 2019

16. 『스마트한 선택들』, 롤프 도벨리, 두행숙 옮김, 걷는출판, 2013

17. 『아부의 기술』, 리처드 스텐절, 임정근 옮김, 참솔, 2006

18. 『어려운 질문 애매한 질문 중요한 질문 어떻게 대답해야 좋을까』, 윌리엄 반스, 간다 후사에, 백운숙 옮김, 빈티지하우스, 2018

19. 『완벽한 팀』, 마크 허윗, 사만다 허윗, 이종민 옮김, 플랜비디자인, 2019

20. 『유쾌한 심리학』, 박지영, 파피에, 2006

21. 『태도의 품격』, 로잔 토머스, 서유라 옮김, 다산북스, 2018

22. 『토론의 방법』, 강태완 외, 커뮤니케이션북스, 1998

23. 『플라톤의 그림자, 인간 커뮤니케이션 연구의 역사』, 마이클 듀스, 메리 브라운, 연은호, 박경우 옮김, 커뮤니케이션북스, 2012

24. 『피플웨어』, 디마르코, 티모시 리스터, 박승범 옮김, 매일경제신문사, 2003

25. 『한국인과 문화 간 커뮤니케이션』, 강숙현 외, 커뮤니케이션북스, 2002

26. 『함께 자라기』, 김창준, 인사이트, 2018

27. 『현대조직행동관리』, 박영배, 출판사 청람, 2010

28. 『행복의 조건』, 조지 베일런트, 이덕남 옮김, 프론티어, 2010

29. 『꾸짖는 기술』, 나카시마 이쿠오, 정선우 옮김, 다산3.0, 2016

30. 『TOP DOWN 유물인가 대안인가』, 해럴드 래빗, 임정재 옮김, 한스미디어, 2005

THE 커뮤니케이션

초판 1쇄 인쇄 2020년 10월 15일
초판 1쇄 발행 2020년 10월 22일

지은이 서정현
펴낸이 최익성
기획 신현아
편집 최미근
마케팅 임동건, 임주성, 홍국주, 김선영, 송준기, 강송희
마케팅 지원 황예지, 신원기, 박주현
경영지원 이순미, 임정혁
펴낸곳 플랜비디자인
디자인 올컨텐츠그룹

출판등록 제2016-000001호
주소 경기도 화성시 동탄반석로 277
전화 031-8050-0508
팩스 02-2179-8994
이메일 planbdesigncompany@gmail.com

ISBN 979-11-89580-52-0 03320